ABC de José Cândido de Carvalho

Claudia Nina

ABC de JOSÉ CÂNDIDO DE CARVALHO

JOSÉ OLYMPIO
EDITORA
Rio de Janeiro, 2011

© Claudia Nina

Reservam-se os direitos desta edição à
EDITORA JOSÉ OLYMPIO LTDA.
Rua Argentina, 171   2º andar – São Cristóvão
20921-380 – Rio de Janeiro, RJ – República Federativa do Brasil
Tel.: (21) 2585-2060
Printed in Brazil / Impresso no Brasil

Atendimento direto ao leitor:
mdireto@record.com.br
Tel.: (21) 2585-2002

ISBN 978-85-03-01124-2

Capa: Hybris Design/Isabella Perrotta
Fotos: Arquivo de família

Livro revisado segundo o novo Acordo Ortográfico da Língua Portuguesa.

CIP-BRASIL. CATALOGAÇÃO-NA-FONTE
SINDICATO NACIONAL DOS EDITORES DE LIVROS, RJ

N619a
Nina, Claudia, 1968-
ABC de José Cândido de Carvalho / Claudia Nina. –
Rio de Janeiro: José Olympio, 2011.
   il., retrs.; 21 cm

Inclui bibliografia
ISBN 978-85-03-01124-2

1. Carvalho, José Cândido de, 1914-1989. 2. Carvalho, José Cândido de, 1914-1989- Crítica e interpretação. 3. Escritores brasileiros – Biografia. I. Título.

11-6210

CDD: 928.69
CDU: 929:821.134.3(81)-3

Sumário

Introdução   7

ABC de José Cândido de Carvalho   13

Cronologia   173

Referências bibliográficas   177

Um ABC é um poema típico da literatura de cordel nordestina, composto de estrofes que se iniciam sucessivamente pelas letras do alfabeto, de A a Z. Em geral celebram feitos extraordinários ou fazem homenagem a personagens relevantes.

Este livro pretende ser um resumo da vida e da carreira literária de José Cândido de Carvalho, com a discussão de alguns dos temas principais de sua obra.

É, assim, uma porta de entrada para ajudar o leitor iniciante.

Introdução

José Cândido de Carvalho não tinha a voz de trovão de seu personagem mais famoso, Ponciano de Azeredo Furtado, de *O coronel e o lobisomem*. Pelo contrário. O timbre era manso e pausado, sem alardes aparentes. Contudo, seja por conta de um senso de humor afiado ou da liberdade sem rédeas com que defendia seu peculiar ponto de vista sobre o mundo e as pessoas, a fala de José Cândido era prodigiosa.

Não é por acaso que este perfil reúna tantas citações do ilustre biografado. As palavras do autor espalham-se em testemunhos preciosos. Revelam o personagem por trás do escritor e o escritor por trás dos personagens, em um embaralhamento de vozes e traços que deixa transparecer, no pano de fundo da ficção, a alma de um autor tão engenhoso quanto suas criações.

Alguns dos depoimentos mais importantes, como a entrevista em vídeo concedida à Academia Brasileira de Letras, em 1987, dois anos antes de seu falecimento, trazem de volta a imagem afável de José Cândido de Carvalho: um sujeito simples e modesto, que não se agigantava diante do próprio sucesso, mesmo com o peso da fama que seu palavroso coronel lhe proporcionara. Alheio ao tumulto e ao estrelato, dizia detestar o "papo literário". Tampouco lhe enchia os olhos o *glamour* do fardão que a imortalidade lhe concedera.

Sem pompa, contrário ao progresso desordenado e árduo defensor "dos tempos de antigamente", JCC, como assinava suas colunas na imprensa, achava que a vida era muito melhor quando a lua ainda era dos namorados. Apaixonado pela natureza e desconfiado das maquinarias do "diabo", incluindo os carros e os aviões, andava quase sempre a pé ou de barca na época em que morava em Niterói. Era uma pessoa sem pressa. Queria saber andar de bicicleta, o que jamais aprendeu. Esperou longos anos até poder comprar um guarda-chuva de cabo de prata. O voar de balão, um sonho distante e romântico.

A simplicidade de JCC em seu fino trato não deve, entretanto, confundir os leitores. O autor produziu um trabalho de considerável sofisticação, especialmente no garimpo minucioso de seus dois romances, *Olha para o céu, Frederico!* e o consagrado *O coronel e o lobisomem*. Não se fala aqui de uma erudição inacessível, mas de uma rara suculência verbal. Nos demais textos, contos e crônicas, a elaboração linguística, adequada ao tom dos jornais, preserva a qualidade e o humor de sempre, em histórias e casos talhados por uma imaginação delirante, com situações bizarras, lugarejos e personagens idem.

Uma visita aos jornais e às revistas dos anos 1970 e 1980 traz as múltiplas faces do jornalista, cronista, romancista e funcionário público que respondia com galhardia e inteligência às perguntas dos entrevistadores. A mesma galhardia e inteligência que se veem nos textos da ficção e nas crônicas. Muitas vezes, JCC inventava enredos ou personagens, assim como os lugares por onde eles circulam — confins retirados de uma geografia muito particular, como se verá a seguir.

Este livro é o resultado de uma viagem no tempo. Um passeio demorado pelos recortes de jornais e revistas cuidadosamente guardados no baú (mágico) de Laura Carvalho dos Santos, a filha mais velha de José Cândido, com quem tive conversas fundamentais. Laura foi a principal fonte desta pesquisa. Ela aceitou dividir comigo não só a enorme papelada, como em especial as memórias mais recuadas da infância ao lado do pai, incluindo aí as memórias mais vibrantes. Inúmeras vezes, uma lembrança repleta de afeto valeu para mim muito mais do que mil recortes de jornal.

Foram também essenciais as conversas com o irmão de Laura, o diplomata Ricardo Luiz, que, mesmo a distância, forneceu pistas importantes para a composição deste mosaico. A pesquisa se estendeu aos arquivos da ABL — a cada tarde de leitura, um novo achado, já que uma palavra acendia o caminho de um capítulo inteiro. Meus agradecimentos à equipe de arquivistas que tão solicitamente me recebeu e me orientou.

Não se tem aqui o esgotamento dos fatos biográficos. Nem poderia, já que, sempre que se conta a história de uma vida, algumas lacunas são inevitáveis. Cada capítulo refere-se a uma letra do alfabeto que se liga a um episódio de vida ou literatura. A leitura se faz como meada: a letra puxa uma palavra, a palavra puxa uma ideia ou uma sucessão de ideias e de acontecimentos relacionados. No final, tem-se um retrato de José Cândido de Carvalho feito aos pedaços, recortes, que devem se juntar na imaginação do leitor, pois os capítulos não se agrupam em ordem cronológica e não há sequer rigor teórico. Ao contrário, há inclusive espaço para divagações e correlações de vida e obra que ficam exclusivamente por minha conta e risco.

Imagina-se que pesquisadores possam encontrar neste ABC pontos de partida com possibilidades várias de análise para aprofundamentos futuros em direções imprevistas. E, na outra ponta da leitura, para aqueles que iniciam a trajetória do conhecimento, espera-se que este seja um caminho instigante. A proposta é a de que mais leitores conheçam e se interessem por José Cândido de Carvalho, um nome tão importante da literatura brasileira, mas que, infelizmente, ainda é mais conhecido como autor de um único livro, o genial *O coronel e o lobisomem*. Nem só de Ponciano vive a obra deste autor de mão-cheia; é o que, entre outras coisas, este ABC promete revelar.

A a

ABL

> Acho que nem mereço a Academia. Entrei ali por equívoco, um desses equívocos que acontecem, como o da descoberta do Brasil.
>
> (*Literatura comentada: José Cândido de Carvalho*, p. 4)

Este perfil biográfico não começa com o nascimento propriamente dito de nosso *personagem* em uma esperada ordem cronológica. Inicia-se com um nascimento de outra espécie: o surgimento da imortalidade. Em 1974, José Cândido de Carvalho, o autor consagrado de *O coronel e o lobisomem*, alcançou o ápice de sua carreira quando a Academia Brasileira de Letras o acolheu na vaga de número 31, sucedendo o poeta Cassiano Ricardo. Não foi uma eleição fácil. José Cândido só conseguiu entrar para a ABL da segunda vez em que se candidatou.

JCC parecia disfarçar o desejo de se tornar imortal. Chegou a dizer, em entrevista, que estava apenas satisfazendo a insistência de amigos e que, caso perdesse, não se candidataria mais. Poderia ter desistido antes de tentar novamente. Ao contrário, insistiu. Da segunda vez, conseguiu. Sempre que podia, no entanto, dizia que estava ali "por acaso". Que nada. O "acaso" foi obra de muito esforço.

A conquista da imortalidade se deu prioritariamente em função do surgimento do magistral *O coronel e o lobisomem* — o grande romance da carreira de JCC. Foi graças a essa obra que os olhos da crítica, dos leitores, dos editores e, claro, da Academia se voltaram para o autor. Para a vitória, somou-se uma "estratégia" que não deve ser desprezada. O próprio autor declarou que, para entrar na ABL, era preciso se valer de uma certa "técnica" (ou regra), o que ele só iria descobrir na segunda eleição. "Não adianta forçar a barra, fazer campanhas, essas coisas. A fórmula é esta: não namorar a Academia, e sim deixar que ela nos namore" (entrevista ao *Diário de Notícias*).

Na primeira vez em que se candidatou, em 1973, José Cândido concorreu com o cientista Carlos Chagas para a vaga de Marques Rebelo. Foi uma disputa acirrada. Ambos obtiveram 19 votos cada um nos dois primeiros escrutínios. No terceiro, Jorge Amado, amigo do autor, que votara em José Cândido, mudou o voto e garantiu eleição ao concorrente. Em 1974, JCC se candidatou novamente, concorrendo com Jorge Buarque de Lyra, e foi eleito por unanimidade. A vitória foi rápida, em uma eleição decidida no primeiro escrutínio. A sessão durou apenas 20 minutos. Foram 37 votos. A partir daquele momento, a Academia recebia mais um escritor e jornalista pertencente ao seleto corpo editorial de *O Cruzeiro*. Na época, a presidência da Casa estava a cargo de Austregésilo de Athayde. José Cândido de Carvalho tinha 60 anos.

José Cândido às vezes se perguntava por que, afinal, tinha entrado na Academia. Nem ele mesmo sabia ao certo. Mas gostava de participar dos chás com torradas, de frequentar aquela "casa de fino trato", "acolhedora como boa casa brasileira". Estar ali, dizia, em um lugar que exercia grande fascínio sobre milhares de brasileiros, era um privilégio inigualável. A Casa só lhe trazia um único pesar: quando o telefone tocava com a notícia de que algum amigo havia falecido.

O autor proferiu um dos discursos mais breves da história da Academia — apenas dez laudas. Em um dos trechos mais emocionantes, traçou um paralelo entre a infância perdida de ambos os autores, dele e do antecessor, Cassiano Ricardo:

> A cidade de Ricardo estende os braços para o céu. A minha sobe na fumaça das suas usinas. Por ambas corre o Paraíba, o rio que mudou de cara. Não é mais o corgão que encantou os olhos do menino Cassiano. Porque em verdade vos digo, com certa mágoa e melancolia, que o rio de nossa infância, que era livre como um gato, não corre mais pelas campinas de camisa aberta ao peito atrás das borboletas azuis de Casimiro de Abreu.
>
> (*Discursos na Academia*, p. 21)

José Cândido foi recebido durante a sessão solene pelo amigo Herberto Sales, que, em um belo discurso, contou a história saborosa de como surgiu a sua admiração pelo autor, desde o instante em que a primeira edição, pela Vecchi, do romance de estreia do então desconhecido José Cândido de Carvalho, *Olha para o céu, Frederico!*, caíra nas mãos do seu pai, que havia adorado o livro. Por muitos dias, a obra foi motivo de conversa, louvores e comentários, também do irmão de Herberto, Fernando. Todos estavam encantados com a saga dos canaviais fluminenses contada naquele pequeno livro de 1939, que até hoje ainda espera por ser descoberto.

A reedição da obra colocou o nome de José Cândido em circulação na imprensa, como se verá aqui mais à frente. Embora não tivesse causado burburinho de *best-seller*, logo depois o autor foi convidado para colaborar no *Jornal do Brasil*, depois na revista *A Cigarra*, mais à frente, em *O Cruzeiro*. E por aí foi José Cândido de Carvalho em um caminho ascendente que teve o ponto culminante na publicação de *O coronel e o lobisomem*, em 1964.

Em 2004, a Academia realizou um evento com a organização de uma mesa-redonda em homenagem aos 90 anos de nascimento de José Cândido de Carvalho e aos 40 anos de lançamento de *O coronel e o lobisomem*. Os textos-depoimentos apresentados foram reunidos na edição da *Revista Brasileira* de abril/maio/junho de 2006. São ensaios importantes que percorrem a obra e um pouco da vida do autor por vieses diversos.

O acadêmico Antonio Olinto, por exemplo, aproveitou a homenagem para viajar no tempo e retornar a seus 11 anos, relembrando o momento em que conheceu o amigo em Campos dos Goytacazes — um era poeta, o outro, contador de histórias. José Cândido tinha 16 anos. Cada um estudava em um colégio diferente, mas eles acabaram se esbarrando. A primeira conversa foi sobre literatura. Antonio Olinto diz que o menino que seria o jornalista, cronista e romancista consagrado se sentia orgulhoso de escrever histórias, enquanto ele, àquela altura, escrevia apenas versos. O menino José cresceu e aprendeu a "coronelar" a língua portuguesa.

A habilidade com as palavras não ficava restrita aos livros. No trato pessoal, Antonio Olinto ressalta que, entre as "coisas estranhas" que o amigo dizia, José Cândido tinha em seu vocabulário particular expressões como "andar de jurisprudência firmada" em cima de alguma moça, por exemplo, o que significava "estar apaixonado". E havia outras tantas, como "emboramente não goste" ou "você não pode fazer menasmente isso", querendo dizer "principalmente isso". Foi em uma linguagem semelhante às dessas invencionices que JCC escreveu as mais de 300 páginas de seu famoso romance.

Hélio Bloch, em texto intitulado "José Cândido de Carvalho, frasista", analisou, entre outros aspectos, a relação entre o jornalismo e a ficção na obra do autor, com destaque para as minicrônicas reunidas em *Ninguém mata o arco-íris*. Confessou o desejo secreto de ter a chave da gaveta onde José Cândido "escondia de nossos olhos profanos" os originais de *Rei Baltazar*, o último romance inacabado.

Arnaldo Niskier discorreu sobre o amor do autor pela terra natal, sobre sua convivência crítica e irônica com os acadêmicos, a originalidade de *O coronel e o lobisomem* e a controversa questão sobre o suposto plágio de Dias Gomes, em *O bem-amado*, no texto "José Cândido de Carvalho — invencioneiro e linguarudo".

Ricardo Luiz Vianna de Carvalho, filho de José Cândido, falou do esforço da irmã, Laura, em preservar a obra do pai como patrimônio familiar, incluindo a organização dos originais de *Rei Baltazar*, a fim de deixá-lo pronto para publicação. Ricardo se lembrou da avaliação de outro acadêmico, Carlos Heitor Cony, sobre o romance *Olha para o céu, Frederico!*. Enquanto o próprio autor muitas vezes considerava o trabalho um livro de estreia, para Cony trata-se de uma obra já madura e, portanto, de extrema importância.

Nos textos reunidos na *Revista* está um resumo substancioso de vida e obra de José Cândido. Os pontos cruciais da trajetória do autor estão ali: as origens jamais esquecidas no interior fluminense; o jornalismo como ponto de partida, caminho e chegada; a estreia na ficção; a consagração com *O coronel e o lobisomem* e o último romance, cercado de mistério, talvez promessa de mais uma obra-prima, quem saberá.

Há quem diga ter visto José Cândido de Carvalho, devidamente paramentado com seu fardão, viajando de barca vindo de Niterói para chegar até o prédio da Academia Brasileira de Letras, no Centro do Rio, em solene dispensa do carro oficial. Imaginem a curiosidade dos companheiros de viagem diante daquele escritor vestido a caráter! Se isso é verdade ou não, fica por conta exclusivamente da especulação, pois não há registros além de boatos. De fato, tem-se a certeza de que, apesar de se sentir honrado com a condição de imortal, plumar-se como um pavão diante da pompa de acadêmico não era o feitio do criador de Ponciano e seus afins.

Avesso a qualquer ostentação de cultura, José Cândido era, porém, bastante sofisticado no que toca a sua formação literária, assim como os colegas de Academia. Era um leitor dos clássicos, entre os quais estavam preferencialmente Eça de Queiroz, Camões e Balzac. A entrada na Casa dos Ilustres fora um justo merecimento na vida desse autor que recebeu "o gênio da língua que baixou, como santo de terreiro no seu cavalo", na feliz expressão da amiga e também imortal Rachel de Queiroz.

B b

"Brasil profundo"

> Repito que a vida inventa mais nomes estrambólicos do que eu. [...] Quanto às minhas histórias, elas vêm quase sempre da boca do povo ou dos jornais. [...] Que eu procuro contar com meu pequeno engenho e arte.
>
> (entrevista à revista *Manchete*)

Quando José Cândido de Carvalho começou a escrever, o Brasil vivia os anos 1930, década em que uma série de transformações políticas deu ao país um contorno diferente em pouco tempo. Foi nos anos 1930 que Getúlio Vargas tomou o poder e, após adotar medidas de interesse social, como a concessão das primeiras leis trabalhistas, conferiu ao Estado um perfil repressivo e ditatorial. Após a Revolução Constitucionalista de 1932 e a Intentona Comunista de 1935, Getúlio outorgou, em 1937, uma nova Constituição, a "Polaca" — assim chamada por se basear na fascista Constituição polonesa. Deu, então, um golpe de Estado que inaugurou o Estado Novo, de 1937 a 1945.

José Cândido publicou seu primeiro romance, *Olha para o céu, Frederico!*, em 1939. Tanto na ficção como nas crônicas que escreveu, nos anos seguintes, para a imprensa (e que depois foram publicadas em livro), o autor passou ao largo de toda e qualquer questão política que delineasse o contexto descrito anteriormente e todas as situações que balançaram o equilíbrio do país com a ditadura militar a partir dos anos 1960. O Brasil que surgia no romance de estreia (e que posteriormente se dimensionou no restante da obra, com ênfase em *O coronel e o lobisomem*) não era um país que se via na superfície. Os fatos da realidade e seus personagens não foram retratados em perfil realista.

Entretanto, um Brasil tão verdadeiro e — por que não ousar dizer — político ganhou contornos nos escritos de JCC, que, embora não tenha descrito os acontecimentos que todo mundo enxergava, comentava e, na medida do possível, criticava, preferiu cavar outras camadas, mais profundas, nos confins de um Brasil que o Brasil das capitais não conhecia. É deste Brasil que se vai falar aqui.

José Cândido de Carvalho foi um observador perspicaz de tudo o que lhe passava pelos sentidos. Observação e senso crítico deram ao autor-jornalista o substrato necessário para que ele se tornasse um grande cronista. Era um observador atento da vida, dos hábitos, dos costumes, das conversas e das relações entre as pessoas, estivesse ele em casa, no trabalho ou simplesmente andando nas ruas, viajando de barca no trajeto Rio-Niterói ou sentado nos bancos das praças.

Em vários momentos de sua carreira jornalística, assinou colunas, como as páginas de seu "Jornal JCC", da revista *O Cruzeiro*, onde também mantinha a divertida seção "O Gramofone". Para *O Cruzeiro*, o autor produziu grande parte dos melhores pequenos textos que nasceram não só do senso de observação do jornalista e de sua capacidade de captar o inusitado, como principalmente da compilação das cartas — cerca de três mil — que recebeu durante o período em que esteve na redação da revista.

Esses textos, depois reunidos em *Porque Lulu Bergantim não atravessou o Rubicon* (1971) e *Um ninho de mafagafes cheio de mafagafinhos* (1972), compõem um mosaico de um "Brasil profundo", como explica o escritor e crítico literário Miguel Sanches Neto, na edição de 2008 do primeiro:

> O homem que escreve é alguém atento à conversa de mesa de bar, porta de livraria ou balcão de farmácia, por isso algumas dessas narrativas são meteóricas, como um comentário avulso que se ouve de um amigo, mas funciona no conjunto, pois o que o autor apresenta é o retrato fragmentário de um *Brasil profundo* (grifos meus).

O "Brasil profundo" é um mundo provinciano, onde habitam figuras absolutamente deslocadas da nação moderna e industrial — são tipos picarescos, autênticos representantes do "povinho do Brasil". As crônicas, divididas em três grandes núcleos, trazem títulos tão cômicos quanto seus personagens, e as situações que vivem ajudam a compor o perfil de um autor essencialmente ligado às suas origens simples e interioranas. São mais de 150 pequenas histórias, classificadas pelo próprio José Cândido como "contados, astuciados, sucedidos e acontecidos do povinho do Brasil". Revelam uma vertente do jornalismo literário que já não existe na imprensa atual, e são a marca registrada de um tempo em que ainda havia espaço para a espécie de anedota que José Cândido gostava de produzir.

Interessante observar que os personagens e suas histórias mirabolantes bem que poderiam ter se originado de outro romance, ou, por outra, poderiam ganhar vida mais longa em outros livros, caso o autor assim quisesse. Na coluna que mantinha em *O Globo*, "Porta de livraria", em texto de 1971, o acadêmico Antonio Olinto escreveu que *Porque Lulu Bergantim não atravessou o Rubicon* era, na verdade, "uma recolta de possibilidades de romance", especialmente pela composição dos personagens: "Ali está, de corpo e alma inteiros, o homem do brejo, o brasileiro do Centro-Leste, com seu linguajar novo, direto, suculento, saboroso, sucinto." Curioso lembrar que o processo de criação dos dois romances do autor, tanto *O coronel e o lobisomem* como o ainda não publicado *Rei Baltazar*, obedeceu a essa estrutura de formação episódica.

Quem são essas figuras peculiares, redondas e idiossincráticas que poderiam viver situações mais complexas do que as registradas nas pequenas histórias de onde saíram? São funcionários públicos, barbeiros, xerifes, mágicos, artistas de circo, mascates, anões, caixeiros-viajantes, fogueteiros, ajudantes de ferreiro, tabeliões, viúvas, velhos apaixonados por mocinhas, doutores, políticos, adjuntos de xerife... Enfim, "um formigueiro de gente", como o próprio autor atestou, povoa as páginas dos pequenos contos.

Assim como José Cândido jamais conseguiu se afastar do cenário de suas origens, também seus personagens vivem ancorados no cenário que lhes é tão fundamental quanto o ar — praticamente todas as histórias são ambientadas em alguma cidade de nome bizarro e improvável. Vamos lá: alguém já ouviu falar em Itamaraju de Lajes, Ubaí dos Arcos, Bacaxá de Cima, Cipó da Cruz, Açu do Livramento, Mucambé ou Marimbondos do Funil? Provavelmente não.

Mas, antes que se pense que José Cândido inventava tudo, ou seja, que 100% de seus escritos eram pura criação delirante, é bom lembrar que o autor sempre dizia que inventava muito menos que a vida — esta, sim, mais mirabolante e estapafúrdia do que a ficção. Muitos dos nomes próprios que aparecem nos textos do autor parecem ter, de fato, existido, pois vinham como remetentes nas tais cartas que José Cândido recebia na redação: Sinofrildo Guedes, Orondina Pimenta, Moscoso Feijó, Zeferino do Monte, Pertilato de Abreu, Juju Penico, Adrião Popó, Oriboncina Toledo, entre inúmeros outros.

Tanto os nomes próprios dos personagens quanto os nomes dos lugarejos onde eles vivem agem de comum acordo para criar a temperatura do humor essencial em tudo o que José Cândido escreveu. O "Brasil profundo" nasce nos grotões da "realidade" do cotidiano das pequenas cidades, suas gentes, seus mistérios, as manias, as loucuras, os crimes e as "surpresas mis". A crônica que dá título ao *Porque Lulu Bergantim não atravessou o Rubicon* (p. 283), por exemplo, fala do melhor prefeito já visto em Curralzinho Novo — um tipo que fugiu do hospício e ganhou até estátua. Eis o primeiro parágrafo:

> Lulu Bergantim veio de longe, fez dois discursos, explicou por que não atravessou o Rubicon, coisas que ninguém entendeu, expediu dois socos na Tomada da Bastilha, o que também ninguém entendeu, entrou na política e foi eleito na ponta dos votos de Curralzinho Novo. No dia da posse, depois dos dobrados da Banda Carlos Gomes e dos versos atirados no rosto de Lulu Bergantim pela professora Adrenalina Tupinambá, o novo prefeito de Curralzinho sacou do paletó na vista de todo o mundo, arregaçou as mangas e disse:
> — Já falaram, já comeram biscoitinhos de araruta e licor de jenipapo. Agora é trabalhar!

Entre as centenas de cartas que José Cândido recebia na redação, uma delas ilustra um caso recontado pelo autor: Juju Bezerra de Albuquerque e Sousa enriqueceu fazendo comércio de ferragens no ramo de urinóis. Segundo conta o autor em uma entrevista ao Caderno B do *Jornal do Brasil*, ele recebeu uma carta anônima que dizia que um tal Juju Penico tinha um empregado que já se achava com tanta intimidade com o patrão que pediu para chamá-lo pelo nome de batismo. Mas aconteceu que o senhor Bezerra disse o seguinte:

> Olhe, meu filho, aqui você pode me chamar na intimidade pelo nome completo. Mas lá fora, para não perder o prestígio, principalmente nas repartições públicas, continue a me chamar de Juju Penico, sim?

Um ninho de mafagafes cheio de mafagafinhos, de 1972, tem o mesmo formato. Trata-se de uma antologia de 144 contos curtíssimos, com personagens-caricaturas que vivem para se dar bem. Entre o cômico e o absurdo, estão lá as viúvas profissionais, mulheres especializadas em "perder" maridos em troca de polpudas pensões; malandros que tentam convencer moças a não morrer donzelas; burocratas que fingem que trabalham, doentes crônicos de preguiça que fogem do "perigo" do emprego; falsos cegos e aleijados, estropiados de toda a sorte que esmolam de muletas e óculos escuros; maridos que planejam a própria viuvez; pais de santo que dizem cobrar mais caro por só trabalhar com urubus baianos amamentados com leite de cabra, em vez de galinhas pretas de quintal... E os nomes extravagantes voltam à cena. Após o sumário, há inclusive uma lista de "personagens estrambóticos" que compõem a obra, entre eles Ambrotilde Feijó, Bendengó de Araújo,

Cacimbilda Saquarema, Estenfonsina de Meio, Uruguntina de Azevedo, Xenxém Brito...

Em 1984, a editora José Olympio reuniu os dois livros em uma só edição, *Os mágicos municipais*, com prefácio de Gilberto Amado ("O mundo de JCC", publicado originalmente em 1969, no rodapé que o escritor tinha no jornal carioca *Última Hora*) e um texto assinado por Horácio Pacheco, intitulado "José Cândido de Carvalho e seus contados". Pacheco recuperou a avaliação de Antonio Olinto a respeito de que as histórias curtas de José Cândido sejam "possibilidades de romance". É como se "o coronel Ponciano se desenleasse do fio narrativo e passasse a contar casos dos outros", escreve.

Não só isso. Ficção não encerra tudo o que essas pequenas (algumas micro) histórias são. José Cândido sabia misturar as instâncias entre realidade e fantasia e dar um ar de notícia ao assunto mais estapafúrdio do mundo. E, recorrendo a Horácio Pacheco em sua avaliação das crônicas reunidas em *Os mágicos municipais*, foi exatamente no jornalismo que o autor aguçou o seu estilo.

> Nada da frase-ladainha, a frase de arrastão, a frase labiríntica ou centopeica, que os tratados capitulam, mas o período coeso e tenso, acolá mais esportivo, desenleado e desenvolto; e sempre o discurso claro, rápido, enfático no melhor sentido.

As colunas que o autor mantinha em jornais e revistas, desde bem jovem, serviram como uma espécie de forno em branda labareda, onde a ficção foi sendo aos poucos produzida. Só não se sabe — nunca se saberá — o que, em literatura ou jornalismo, aconteceu de fato ou foi pura invenção da mente engenhosa de José Cândido de Carvalho.

O aspecto de crítica social não deve ser esquecido. Como analisa Edna da Silva Polese, na dissertação de mestrado *No mato brabo da ficção: estudo sobre José Cândido de Carvalho* (p. 52):

> Os contos de José Cândido são verdadeiros *flashes* que camuflam, por trás do absurdo e do riso fácil, os tropeços da nação que se moderniza, do político que exemplifica a inutilidade da letra morta, da inversão de valores que colocam a loucura e o racional em xeque [...].

As histórias do "povinho" que o autor tanto gostava e que dizia contar com seu "pequeno engenho e arte" são, como o próprio descreveu, uma espécie de "Mil e uma noites do Brasil". Brasil profundo, escondido, inventado ou recriado graças às astúcias desse mestre em "escurecer papel".

C c

Campos dos Goytacazes

> De minha parte, como escritor de letras redondas, tenho procurado ser fiel à minha gente. Se os outros cantam a sua terra, eu também canto a minha. Que é uma terra de linduras sem igual.
>
> (José Cândido de Carvalho, em *O Prelo*)

> Uma quinzena não era decorrida e já o coronel, sem ninguém esperar, dava entrada na rua da Jaca. A comadre Alvarina preparou tudo a contento. A casa das minhas infâncias cheirava a água e sabão, toda bonita, lavada de ponta a ponta.
>
> (*O coronel e o lobisomem*, p. 118)

José Cândido de Carvalho nasceu em Campos dos Goytacazes, em 5 de agosto, em 1914, em uma "noite ventosa", 24 horas antes do início da Primeira Grande Guerra. Filho de pais portugueses de Trás-os-Montes, na região Norte de Portugal, um lugar de aldeias rústicas chamado Agrochão, ele teria nascido em Angola, para onde a família iria se mudar, não fosse uma revolta de negros na Ilha da Madeira, o que forçou o comerciante Bonifácio de Carvalho e

Maria Cândido de Carvalho, grávida, a trocarem a rota da caravela. O desvio foi radical: de baú nas costas, embarcaram na longa travessia do Atlântico e foram ancorar em Campos, já que ali morava o irmão de Bonifácio, José Alvino.

Na época, a cidade do interior fluminense ainda era essencialmente rural: havia pouco mais de 150 mil pessoas no município; apenas 35 mil moravam na cidade (*José Cândido de Carvalho, vida e obra*, p. 34). José Cândido passou a infância nas ruas pacatas do Centro, primeiro a então rua da Jaca e depois a rua Aquidabã, onde brincava solto e livre junto aos amigos — um deles, o Zé Preto, personagem deste ABC, que viveria sempre próximo ao amigo. Outro grande companheiro em Campos foi Hervé Salgado Rodrigues. Ambos se conheceram nos anos 1930 e costumavam jogar futebol. Outros amigos foram Oswaldo Lima, também jornalista, e João Sobral, dono da antiga livraria da cidade, a Livro Verde.

José Cândido de Carvalho teve uma infância pobre, só tinha o básico para a sobrevivência, e nada mais. Naquela época, em Campos, não havia meio-termo: ou se era pobre ou se era rico. O destino variava entre ser usineiro e ser qualquer outra coisa, menos rico, como o próprio José Cândido costumava dizer. O pai do menino Zé tinha uma pequena torrefação de café e vendia açúcar; a mãe, camponesa, não era letrada, trabalhava em casa, mas tinha um pequeno tesouro: um linguajar elaborado, com um vocabulário castiço, todo recheado de pronomes certos nos lugares certos, que serviu de base para a formação do escritor que o garoto sonhador viria a ser.

Os pais eram de uma enorme generosidade com aqueles ainda mais necessitados do que eles. Prova disso é que, juntos, fundaram a Instituição Espírita Escola Jesus Cristo, em Campos, que cuidava de meninas pobres da região para que elas pudessem ter um rumo e uma profissão. Até perto de seus 90 anos, dona Maria Cândido, que faleceu aos 92, cuidou da distribuição do sopão dos pobres, na escola que fundara. O pai, Bonifácio, morreu bem mais cedo, em 1942.

A família morava em uma casa simples, de roça, onde só plantava ou criava coisas para comer. Era prática, tinha a alma de europeu, que sabe exatamente o preço da dificuldade. Por isso, José Cândido jamais pôde ter um cachorro, porque o animal não dava rendimento. O gato dava, porque comia o rato. Quando chovia muito, a casa ficava ilhada. O menino não tinha outra coisa a fazer a não ser ler jornais velhos. Para ajudar a família, ele ocupava-se de pequenos serviços, como apanhar gravetos para queimar no fogão, economizando algum dinheiro na compra da lenha (*José Cândido de Carvalho, vida e obra*, p. 37).

Estudou o primário em escolas públicas no tempo em que as professoras eram adeptas do "método das palmatórias". Depois foi para o Liceu de Humanidades de Campos. Dizia-se mau estudante, mas bom em português, pois sabia como ninguém colocar os pronomes. As dissertações eram em um português puro, quase científico, o que, claro, fazia com que as professoras logo desconfiassem de que o menino estava copiando. Na verdade, estava apenas reproduzindo o jeito como seus pais naturalmente falavam. Na entrevista gravada para os arquivos da ABL, o autor revela que seus pais tinham o hábito de conversar em um dialeto chamado mirandês — principalmente quando o assunto levava a uma discussão.

Alguns sonhos do menino José foram frustrados desde jovem. Dizia ter nascido para ser usineiro, mas não conseguiu; quis também ser funcionário da Leopoldina, chefe de trem, em Santo Amaro, onde se passa *O coronel e o lobisomem*, mas também não deu certo. Acabou jornalista. O primeiro trabalho foi no Rio, aos 8 anos, como estafeta na Exposição Internacional de 1922, em uma viagem temporária, acompanhando o pai, que na ocasião fazia um tratamento de saúde na cidade. Voltou logo para Campos, onde continuou os estudos. Fez então biscates para ganhar alguns trocados: ajudante de farmacêutico, cobrador de uma firma de aguardente e trabalhador de uma refinação de açúcar.

Campos era uma cidade muito provinciana, e as crendices nasciam fortes no imaginário de seus moradores. O transporte de passageiros e cargas para o interior ou outras cidades era feito de trem — veículo preferido das mulas sem cabeça, dos lobisomens e de assombrações de toda a sorte. Muitos acreditavam piamente nos lobos que apareciam em noites de lua cheia, nos fantasmas de porta de cemitério, em ururaus e boitatás.

> Nunca vi disco voador, nunca vi lobisomem (apesar de ser especialista e ter escrito sobre lobisomem, nunca vi). Mas tenho certeza de que há lobisomem. Tenho notícia de que um coletor federal em Campos era lobisomem. Ele desencantou um ano depois, mas tenho certeza de que era um lobisomem. Essa paisagem teve muita influência sobre minha obra. As lendas, aquela vastidão, aquela solidão dos Campos dos Goytacazes, aquilo me marcou muito.
>
> (*José Cândido de Carvalho, vida e obra*, p. 64)

Foi nesse mundo de crendices, liberdade e assombrações sem-fim que José Cândido foi criado. Soma-se a tudo isso a experiência das férias nas fazendas da região, o que aconteceu após o casamento com Edeacila, mãe de seus filhos, em 1936. Chamada carinhosamente de Edê, pelo autor, ela era filha de Antonio e Maria da Conceição, que tinham propriedades na Baixada Fluminense. Uma delas, perto de Santo Amaro, em Mussurepe, se transformou no cenário de criação e inspiração do romance *Olha para o céu, Frederico!*.

Santo Amaro é um distrito onde acontece a famosa festa folclórica da Cavalhada, todo dia 15 de janeiro. Os cavalheiros se vestem a caráter, e fiéis do santo que dá nome ao município costumam fazer romaria de Campos até lá, muitas vezes a pé. Nesse período, todo o povoado se prepara para a festa. As casas são pintadas, assim como a igreja, o coreto e os postes. Os moradores fazem roupa nova. A praça principal fica toda iluminada.

José Cândido bebeu em todas essas fontes. Sua obra, quase inteiramente, tem pés, mãos e braços esticados na direção daquele mundo da infância, perdido, mas sempre recuperado graças à ficção. O autor adorava as fazendas e as conversas com os moradores da região. Ele, que nasceu em uma cidade interiorana, encantou-se pela rusticidade ainda maior dos campos e de lá colheu boa parte dos ingredientes que compuseram seu imaginário. Na verdade, mesmo tendo ido para o Rio de Janeiro e depois Niterói, construído sua carreira literária e seu sucesso longe das origens, suas raízes sempre estiveram bem fincadas no solo campista e às pradarias cheias de mistérios, planícies de "encantos mis".

Certa vez, disse que apenas seu corpo vivia na Guanabara, por contingências, mas seu espírito e seu coração permaneciam em Campos. O que mais encantava José Cândido no lugar em seus verdes anos era, segundo descrição do próprio autor, "um certo jeito de álbum antigo que a cidade guardava" (entrevista à revista *Manchete*), mas que a chegada do automóvel, anunciando um progresso doentio, destruíra para sempre.

— Automóvel a 30 quilômetros a hora! Ninguém aguenta uma velocidade dessas! Ninguém! Isso é pior do que o tal do telefone. Não foi feito para gente.

Era chegado o tempo dos centauros. Acabara o tempo da flor.

(entrevista à revista *Manchete*)

Com a modernidade, Campos perdeu o ar de lugarejo. José Cândido nunca gostou disso. Dizia que a cidade havia se transformado em retrato de parede, "uma ignorante massa de cimento havia sepultado as casas, as chácaras e os palacetes" de seu tempo de infância.

> Em verdade vos digo que Campos de agora não é mais a minha cidade. É um outro mundo do qual não faço parte. Navego em suas ruas e não sinto nos pés as pedras antigas. Outras gentes vieram e despediram a minha cidade. [...] de casa em casa, de sobrado em sobrado, a cidade dos meus romances vai morrendo.

(entrevista à revista *Manchete*)

Se a cidade moderna havia desencantado a antiga, a lembrança viva do que foi aquela região nunca se apagou da memória de José Cândido, que só sabia escrever com os olhos voltados para Campos dos Goytacazes. A região, se não está textualmente descrita em tudo o que o autor escreveu, em tudo foi a fonte inspiradora de sua produção. A maioria de seus tipos foi constituída a partir de personagens campistas, como o próprio coronel Ponciano, cujos primeiros traços surgiram quando José Cândido viu entrar no trem um senhor com uma gaiola nos braços. Ponciano era proprietário de terras na baixada, exatamente no distrito de São Sebastião. Em *Olha para o céu, Frederico!*, as brigas pelas terras também se passam na região, no momento da transição entre a economia açucareira dos velhos engenhos para a tecnologia das usinas.

No plano pessoal, quando se atam as pontas entre o nascimento de José Cândido de Carvalho, em uma cidade provinciana, dentro de uma casa simples e desprovido de qualquer luxo ou conforto, e a sua morte, em Niterói, onde vivia em uma chácara cercado de plantas e animais, observa-se que o maior salto que ele dera ao longo de uma vida de quase 75 anos não foi na direção do que o dinheiro pode comprar: o autor jamais foi rico, nunca quis ostentar posses ou poder, mesmo quando exercia cargos públicos. Não tinha carro, nunca teve, pois detestava automóvel. Sua vida, depois da pobreza na infância e da luta pela sobrevivência no Rio antes de ganhar nome e fama na imprensa, caminhou para a tranquilidade de possuir apenas o que a vida tem de mais simples: a natureza, os amigos e um tempo sem pressa para ver a barca lentamente atravessar a baía.

> Não foi um caçador de fortunas nem um ambicioso do poder. Já lhe valia muito viver a vida de um campista distante, a remoer saudades da terra natal e distribuí-las gota a gota em crônicas e livros. Fazia-o com fórmulas próprias e rigorosas, medindo e pesando cada palavra, como se fora o antigo boticário a manipular um preparado farmacêutico.
>
> (Herval Bazílio, em *O Prelo*)

Em Campos, o Concurso Nacional de Contos José Cândido de Carvalho, foi criado em 1989 em homenagem ao autor, e temos a Casa de Cultura José Cândido de Carvalho, uma de suas grandes alegrias, segundo o próprio confessou em entrevista. Ele compareceu à inauguração da Casa, construída em Goytacazes, um distrito dentro do município de Campos, em uma antiga estação de trem desativada, e ficou emocionado com a enorme quantidade de pessoas que foram ao local para vê-lo.

D d

Dicionário poncianês

> A linguagem do romance que escrevi é muito mais uma linguagem que elaborei do que a do povo que retratei.
>
> (entrevista ao *Banorte Jornal*)

> Sou de muito inventismo, um danado em fazer render uma parolagem — um fio de cabelo vira corda no meu trançado.
>
> (*O coronel e o lobisomem*, p. 200)

O linguajar de Ponciano é mesmo de dar nó em cabeça de filólogo. Há palavras que só existem no dicionário criado exclusivamente para o coronel. JCC torcia para que surgissem tradutores capazes de se adequar à maneira especial de falar do seu caro personagem. E não só. Pedia que os tradutores tivessem respeito pelo seu modo de escrever. Temia que inventassem um "coronel de sombrero e com jeito de boleto em lugar do brasileiro Ponciano de Azeredo Furtado" (entrevista à revista *Manchete*).

A tradução para qualquer idioma de *O coronel e o lobisomem* é, realmente, usando a linguagem do próprio José Cândido, um "mato brabo". Alguns exemplos: termos como "pequenice" ou "ninhada de lírios". Um tradutor literal, desavisado, certamente não cederia à tentação de colocar algo em sua língua correspondente a "infância" ou a "florir de lírios". Nada disso, porém, corresponde à essência do que Ponciano diz.

"Ninhos" e "ninhadas", por exemplo, são vocábulos frequentes em toda a obra do autor e se justapõem a outros substantivos, formando encontros inusitados (como "ninho de ventania"), que parecem despertar o leitor da acomodação, pois criam ora um efeito poético, ora um efeito cômico. As traduções literais, embora sejam linguisticamente corretas, tiram a força das imagens ricas em alegorias.

Há os neologismos, ponto em que a situação se complica. Como transpor para outra língua, sem perder a força original, palavras e expressões originalíssimas, tais como: "despresença", "tristoso", "desimportante", "tristento", "desesquecido", "recatosa", "finalmencia lonjal", "menasmente", "nos dias de depois", "outro alguém nenhum", "de pessoalmente fui", "meus antigante", "pratrasmente", "puxar os jonjais" etc.? Algumas palavras-chave desse elaborado dicionário poncianês são impensáveis nas traduções. Quando o senhor do Sobradinho diz a Quintanilha, a respeito do caçador de onças, Barbirato, "Deixa lá o soberboso", ele quer dizer exatamente isso, "soberboso". Se escrevesse apenas "soberbo", a frase perderia metade do efeito.

Como esclarece Paulo Rónai, em texto extraído dos arquivos da ABL, intitulado "Uma personagem brasileira de dimensão universal", a complexa personalidade do bom coronel, ingênuo e sabido ao mesmo tempo, tão verdadeiro em sua loucura mansa, é construída pela fala — "uma linguagem galhofeira, retorcida, de extraordinário sabor popular, cheia de invenções pessoais, de graça e expressividade inimitáveis".

Em uma análise detalhista, Oscar Mendes põe a lupa no centro do mapa dessa mina cheia de riquezas que é o falar "poncianês". Escreve, no artigo "Um coronel façanhudo" (arquivos da ABL), a seguinte observação:

> Pega José Cândido de Carvalho uma palavra comum, já gasta e anquilosada pelo uso cotidiano, dá-lhe uma rija escovadela, fricciona-a com vigor e põe a bicha a andar de novo, viva e colorida, como certas madamas depois de horas de trato e torturas num salão de beleza. Ou então, pespega desidências fora das habituais em certos adjetivos, dando-lhes cara de remoçados. E são substantivos rejuvenescidos [...] regências atrevidas que vão brotando da boca eloquente do coronel Ponciano. [...]

As comparações entre José Cândido de Carvalho e Guimarães Rosa sempre foram inevitáveis. Há semelhanças não só no apreço de cada um pela invenção linguística como no método de criação — se o mineiro tinha sua cadernetinha em punho, o primeiro preferia papéis dispersos nos quais anotava suas pesquisas, como as listas de animais, ruas e plantas que costumava fazer durante o percurso de criação. Fez assim durante a longa produção de *O coronel e o lobisomem*; estava em pleno processo de anotações quando montava os cenários e as situações de seu romance inacabado, *Rei Baltazar*.

Para alguns, contudo, as semelhanças entre o autor de *Grande sertão: veredas* e *O coronel e o lobisomem* param aí. Nelson Werneck Sodré, em artigo para a *Revista da Civilização Brasileira*, afirma: "Ao contrário do senhor Guimarães Rosa, em que o linguista abafa o ficcionista de amplas possibilidades, o senhor José Cândido de Carvalho sabe fundir as experiências de linguagem com o todo da ficção."

A linguagem de *O coronel e o lobisomem* seria, então, uma espécie de linguagem "pós-rosiana", embora, tanto quanto Guimarães Rosa, José Cândido fosse bastante fiel ao material linguístico da zona focalizada — o primeiro fez um mergulho profundo no alto sertão mineiro e na linguagem do mundo sertanejo onde muitas das invenções tiveram origem, enquanto o segundo bebeu na fonte do interior fluminense, igualmente cheio de idiossincrasias vocabulares.

Vem de Antonio Olinto um paralelo relevante quanto ao aspecto das invencionices de ambos os autores brasileiros. Vale a pena transcrever aqui um trecho dessa observação que nos dá o alcance da importância da criação do "poncianês" para a literatura brasileira:

> Somente dois escritores fizeram a mesma coisa no último meio século, que foi mudar a nossa língua: José Cândido de Carvalho e Guimarães Rosa. Cada um ao seu jeito, cada um ao seu modo, interferiram na língua portuguesa, inventaram até uma língua, como Joyce fez, na Irlanda, com a língua inglesa. E, inventando essa língua, sacudiram a literatura brasileira. [...] Há escritores que entram no meio das palavras, começam a sacudi-las, a provocar uma confusão entre elas e, às vezes, levantá-las e renová-las. Foi o que fez José Cândido de Carvalho [...].
>
> (site da ABL: http://www.academia.org.br)

Em José Cândido, os neologismos somam-se aos trejeitos típicos de Ponciano. Em *O coronel e o lobisomem*, portanto, as experimentações chegam ao ápice:

> De fato, *O coronel e o lobisomem* é uma obra-prima sob todos os aspectos. É uma obra-prima como fabulação, isto é, como invenção. É uma obra-prima como fixação de um ambiente que é o norte de Campos. É uma obra-prima como renovação de palavras, é uma obra-prima como força de exprimir aquilo que ele quer exprimir, porque vai buscando uma nova palavra, capaz de dizer aquilo melhor do que as palavras que ele usou até aquele instante. Por

exemplo, de repente ele vê uma serpente, andando, solta, então diz: "Cobra numa viagem ao luar." Quer dizer, uma cobra pode passear ao luar, como nós podemos passear ao luar. [...]

(*Revista Brasileira*, p. 82)

Mais do que criar um idioleto munido de todo um dicionário específico para seu personagem mais famoso, José Cândido de Carvalho revitalizou, com o linguajar do coronel, a língua e a literatura brasileiras. O mais curioso é que suas invenções não dificultam a leitura, atravancando a frase ou incomodando o leitor, que jamais fica perturbado ou perdido com a novidade. Como o próprio autor dizia: ele não tinha "deturpado" as palavras, apenas "torcido". Por isso, o "poncianês" tem um efeito cômico — ou poético — imediato. A fala do coronel enlaça o leitor em um entendimento fácil, apesar do estranhamento inicial.

A palavra quase sempre hiperbólica de Ponciano revela nitidamente que as façanhas estão sendo contadas a partir de um ponto de vista heroico — os atributos de cavaleiro desencantador de lobisomens e de caçador de ururaus e onças ganham evidência ao longo da trama. A própria fala grossa de Ponciano, que se vale de seu porte imenso como aliado, é usada para exercer seu domínio sobre um mundo dividido entre ricos e pobres, mandatários e mandados, servos e fazendeiros-coronéis, triunfantes e humilhados.

Como o protagonista é desabusado de boca, sem freio nos dentes, de gênio estouvado, a sua linguagem é exagerada, linguaruda, como alguns exemplos revelam: "luarão de cegar coruja", "berro que varou a cumeeira de telha-vã e foi bater nos metais do alambique", "sempre apreciei as alturas e nas alturas vou morrer" e por aí vai...

Em contrapartida, há muitos diminutivos, como o próprio galo Vermelhinho, grande afeição de Ponciano, o que revela, de certa forma, a alma de criança do poderoso coronel. Os "inhos" se espalham pela obra, em referência a personagens ou lugares, tais como Sobradinho, Juquinha, Francisquinha, mulinha, sem falar na criação dos nomes de personagens que parecem retirados de histórias infantis, como Janjão Caramujo, Juju Bezerra ou Tutu Militão.

A linguagem criada por José Cândido especialmente para o seu Ponciano reflete tanto a dimensão épica (heroica, aventureira, grandiosa, que se observa a partir das hipérboles) quanto a dimensão lírica, que surge repentina e lindamente nas descrições poéticas, na musicalidade e nas frases repletas de subjetividade:

> [...] Resolvi apreciar a noite que a Lua começava a polir. [...] Afundei na estrada, na apreciação de uma beleza e outra. Sou de coração muito humanal e não tenho olho só para benfeitorias de pasto e curral. Sei apreciar uma boniteza de planta, uma asinha de borboleta, e ninguém, nestes anos todos de minha vida, fez injustiça contra os passarinhos do meu céu e os bichos dos meus matos. Por isso, na vadiagem pelos ermos do major, parei na vistoria de uma ninhada de lírios que bebia água de um mangue de mau caráter.
>
> (*O coronel e o lobisomem*, p. 386)

E e

Escrever (= Escurecer papel)

> As palavras são um negócio quase divino. Elas têm vida própria. São safadas. Outras são ordinárias, outras já vêm de luto.
>
> (*Literatura comentada: José Cândido de Carvalho*, p. 6)

> Nunca pensei em lidar com tinta e caneta, e sim com calomelanos e piluladores de botica municipal.
>
> (arquivos da ABL)

José Cândido de Carvalho não sentia prazer nenhum em escrever ficção. Pelo menos era o que dizia. Por várias vezes, quando perguntado quais os motivos que o levaram a escrever, ele respondia: "a necessidade de ganhar alguns trocados." O ofício de escrever era visto sem nenhum *glamour* — era simplesmente um trabalho de *escurecer laudas de papel*.

Substituía, não raro, a palavra vocação por "danação". Fazia comparações com Jorge Amado, este, sim, um inspirado quase 24 horas por dia. JCC não. Dizia-se raramente inspirado para qualquer tipo de escrita — "só de três em três meses", afirmava.

Quanto aos romances, o intervalo era ainda maior. Segundo definição própria, era "um escritor geracional", já que a distância entre o primeiro romance e o segundo foi de longos 25 anos.

Há que se analisar com cuidado o que, a princípio (e segundo JCC afirmava), era a sua tão alardeada "preguiça". Quando se observa atentamente a produção do autor e se descobre o trabalho de bastidores, troca-se facilmente a palavra "preguiça" por "perfeccionismo". Antes da finalização de cada livro, especialmente os de ficção, um processo demorado de produção estendia-se até o momento em que o autor chegasse ao ponto final. Eram duas, três, quatro cópias seguidas, antes de chegar à versão definitiva. Até mesmo quando o objeto eram os artigos de jornal. JCC era a exigência em pessoa.

A relação com as palavras está no coração de tudo o que José Cândido escreveu. O autor dizia que escrevia complicado, meio sobre o barroco, e que, para chegar ao ponto perfeito, a escrita precisava ser limpa, faxinada, umas três ou quatro vezes. Só depois de muito suor e lágrimas é que a coisa ia clareando, ficando menos "samburá de caranguejo" (entrevista ao *Estado de S. Paulo*).

O terceiro romance é o inacabado *Rei Baltazar*, obra à qual se dedicou com o mesmo requinte com que se devotou aos romances anteriores, especialmente as aventuras de seu querido coronel.

> Esguichei suor de chafariz para escrever as 250 páginas de *O coronel e o lobisomem*. Pinheirais da Finlândia e do Paraná foram convertidos em papel que escrevi e inutilizei em meus largos anos de escriturizações, virgulações e craseações. Uma guerra, uma batalha." (arquivos da ABL)

A "batalha" começava no corpo a corpo com as palavras. Era preciso saber quais delas já haviam morrido com o tempo, "exoneradas de nossos costumes por falta de trabalho", caídas de fome no meio-fio dos livros e dos jornais passados. JCC dizia ter um medo danado das palavras, pois, arredias, astuciosas e irônicas, podem fazer o diabo em nossa pena. "Há vocábulos que são como enguias, sabonete em mão de banho. Estão sempre em fuga" (entrevista à revista *Manchete*). O autor detestava algumas palavras que eram proscritas de seus textos, como *outrossim*, que só usava como gozação. O adjetivo, "raposa das palavras", era coisa de grande "periculosidade". Urgente livrar-se deles.

> Já notaram no jeitão do adjetivo? Um mordomo de fita de cinema não é mais serviçal, mais bajulador que essa inventora de letrinhas. Está sempre às nossas ordens, ao nosso dispor, dia e noite. Fica grudado à caneta ou nas teclas da máquina de escrever. Vacilou, ele entra. Já matou muito escritor que prometia mundos e fundos. É claro que há as raras e peregrinas exceções. Eça de Queiroz, por exemplo, encastoava seus adjetivos com a perícia de um velho ourives [...]. Já o adjetivo dos seus

pastichadores, como houve muitos no Brasil, uma vez que escrever à Eça era moda brasileira do começo do século, soa como moeda falsa. O ouro vira latão. Não há dúvida que é muito difícil escapar com vida dessa erva daninha. A lavoura do adjetivo é como a de chuchu em aba de serra — abarrota celeiros.

(arquivos da ABL)

A criação do universo mítico e cheio de detalhes da obra de JCC era fruto de muito trabalho. Dizendo-se um péssimo historiador, fazia uma geografia literária muito à sua moda — nada é real, pelo menos do ponto de vista do realismo histórico. Tanto as situações quanto os personagens, embora possam ter partido da observação de fatos e do comportamento das pessoas, estruturam-se em uma dimensão mais mítica do que real. Isso, segundo o autor, acontecia não por talento, mas por preguiça, pois achava mais fácil inventar do que ir a um cartório para saber se fulano ou beltrano existiram de verdade.

Novamente aqui não se deve acreditar nessa alardeada preguiça. Quando estava produzindo os livros de ficção, por exemplo, JCC se trancava em casa para organizar as fichas que havia coligido com os falares do camponês campista, do homem do engenho. Não saía, não ouvia ninguém, guardava a sete chaves seus escritos. Fazia pesquisas tão minuciosas que, segundo a filha Laura, havia listas de dezenas de tipos de capim que costumava investigar. E não só capim. Há listas de pássaros, patos, cobras, vegetação de lagos, árvores, peixes e até marrecas e ruas de Campos.

Escrevia muitas vezes à mão, em letra miúda; outras à máquina, uma Remington antiga. Nos arquivos da ABL, há um artigo com trechos fundamentais para se compreender essa dificultosa relação entre José Cândido e o reinado da ficção. O texto tem aspecto de aula ou palestra e é um precioso documento, embora sem data, ou paginação, mas devidamente assinado. Ilustra o processo de composição de um artista das palavras, que escolhia com muito apuro seu material:

> De saída, uma confissão: escrevo com dificuldade que só vendo. O meu trabalho de caneta é pior que trabalho de roçado, uma lavoura dura e suada de não acabar mais. Não recebi de Deus a tal terra dadivosa e boa em que plantando tudo dá. [...] Além do mais, sou preguiçoso com firma reconhecida.
>
> [...] Agora tem um porém; não sou preguiçoso e conservador de tempo integral. Tenho, vez por outra, minhas reações. Acordo, por exemplo, querendo escrever *Dom Quixote*. Com o correr das horas, depois de bem passado por uma panelada de bifes de caçarola, já faço por menos. Fico contente de ser apenas o redator do almanaque *Cabeça de Leão*, meia dúzia de páginas que circulam nas farmácias de cambulhada com remédios contra a prisão de ventre e frascos de magnésia bisurada.

JCC tinha uma bagagem clássica de leitura. Gostava de ler Camões, Eça de Queiroz, Miguel de Cervantes e Machado de Assis. Falava que era inculto. Que nada. Só um leitor bem-forrado como ele poderia ter escrito uma obra como *O coronel e o lobisomem*. Como explica a imortal Nélida Piñon, a produção desse livro indica um grande leitor dos portugueses. "Ele certamente bebeu na fonte dos grandes autores do século XVI. Não há dúvida disso", analisa Nélida. As influências foram inúmeras, mas José Cândido não gostava muito de falar delas. Dizia ter cortado no início suas influências, pois, se não fosse assim, teria se transformado em um "sub-Eça de Queiroz".

Tanto no que diz respeito à produção quanto à leitura, nos dois extremos da criação — ponto de partida e de chegada —, José Cândido de Carvalho era modesto ao falar de si mesmo. A modéstia fazia parte de uma personalidade sem nenhuma pompa ou enigma, bem diferente dos intelectuais que se distanciam dos leitores e se isolam em suas torres de marfim. Ele era o avesso disso. Em vez da torre, seus pés eram fincados na terra, e não em qualquer terra, mas a sua terra de origem, que amava acima de todas as outras paragens onde passou. E o papel, a letra, a palavra, a máquina e a caneta eram os ingredientes de sua farmacinha particular.

Por tudo o que se viu até aqui, não dá para se acreditar na mitologia que ele criou sobre si mesmo. A ideia de que fosse um autor inculto, por exemplo, deve ser lida como a declaração de alguém que não gostava de intelectualizar as conversas. As entrevistas que concedia revelam uma pessoa que gostava de falar do tempo, da vida, da cidade, do progresso, das mudanças do mundo, enfim, de assuntos vários que não a vida literária — muito menos interessava-se JCC em fazer críticas ou comentários sobre a produção dos colegas. A respeito de si mesmo, dizia, mais uma vez recorrendo à modéstia — "Tenho uma linguagem municipal, que nem chega a estadual"(*Jornal do Brasil*, 6/4/1979).

F f

Frederico (Olha para o céu!)

> Quero que Frederico saia deste arrazoado vivinho em folha, de carne e osso, de fala mansa.
>
> (*Olha para o céu, Frederico!*, p. 27)

> Sempre que ouço, no distancial, o chiado de um carro de boi, paro, pulo para 1937, de modo a dizer de um ouvido para o outro: é o carrinho de José Magro que está cantando.
>
> (José Cândido de Carvalho, em *O Prelo*, p. 12)

Frederico é personagem do primeiro livro de José Cândido de Carvalho, que começou a ser escrito em 1937 e foi publicado, pela Vecchi, em 1939, com o título de *Olha para o céu, Frederico!*. O romance passou quase despercebido pela crítica da época. Talvez esse fato (apenas uma suposição) tenha feito com que José Cândido se desviasse da dedicação exclusiva à literatura, colocando-se no ganha-pão do jornalismo, que fragmentou tanto seu talento quanto seu tempo. Será mesmo? Não há como ter uma certeza absoluta quanto a esse aspecto. Assim como não se pode garantir o que é imponderável. Talvez, quem sabe, mesmo se o romance inaugural tivesse conquistado um tremendo sucesso logo de cara, JCC ainda assim quisesse trabalhar em jornais, o que fez toda a vida com grande prazer.

Quando produzia *Olha para o céu, Frederico*!, que fala dos tempos dos engenhos, José Cândido morava em uma cidadezinha de pasto e canavial, chamada Mussurepe, perto de Campos dos Goytacazes. De noite, "pegava conversa" com os trabalhadores da lavoura da cana e de carro de boi. Um deles, José Magro, era "ouvido de cabresto" para as cenas que o autor maquinava no papel. Era Magro quem ditava o ritmo do romance — se ele torcesse o nariz, José Cândido riscava da mente e do livro o que havia pensado. Isso porque o autor queria manter o enredo fiel às situações e às gentes da baixada campista que dão vida e ambientação às suas histórias, ainda que salpicasse de imaginação aqui e ali o seu enredo.

O autor dizia que, com a obra, tinha sido muito audacioso, pois entrara na seara de outros autores que haviam retratado realidades semelhantes, como José Lins do Rego. As semelhanças, entretanto, param no tema, pois o romance de José Cândido em nada pode ser considerado simples obra de imitação. Pelo contrário. É um trabalho importante que revela a maturidade literária de um escritor que, ainda bem jovem, aos 20 e poucos anos, já tinha pleno domínio de composição de personagens, cenários e enredo. Falar apenas em termos de "obra de estreia" é minimizar um romance e tanto.

O narrador de *Olha para o céu, Frederico!* é Eduardo de Sá Meneses, neto do barão da Pedra Lisa, que trocou os cuidados de algodão da tia Nica em Quiçamã (assim está escrito no livro, com "ç") do Limão pelos olhos duros do tio Frederico, na fazenda São Martinho. O único objetivo na vida do tal tio era manter e ampliar a sua fortuna. Frederico se casa com a filha de uma família de posses, Lúcia, então com 20 anos, com o fim último de aumentar suas terras.

A primeira sequência do romance anuncia a qualidade do que vem pela frente: o menino vai chegando a seu "desterro", lentamente, em uma tarde triste de verão sem cigarra pelos troncos. Cena bonita, que o cinema capturaria com facilidade. Eduardo, porém, não é mais um menino quando a história é contada; adulto, herdeiro do tio, ele volta ao tempo de criança para refazer na memória o retrato de Frederico, com quem viveu 15 anos, mas de quem não foi capaz de compreender a "alma ressequida" e o coração de pedra. O recurso de fazer com que Eduardo volte no tempo e recupere as emoções sentidas para contá-las em forma de relato exige uma técnica narrativa que poucos conseguem elaborar com capricho, especialmente quando se trata de um escritor de primeira viagem.

"Raposa de mil astúcias", sovina, "agarrado à terra mais que minhoca", tio Frederico é o personagem ausente-presente dessa história, que renasce em toda a sua miserável existência, junto à bela esposa, dona Lúcia, por quem Eduardo se encanta e com quem se envolve nos assuntos de porta fechada, "assuntos de travesseiro". Fala mansa, gestos comedidos e aparente apatia somam-se aos traços que descrevem Frederico. Pouca gente percebe sua astúcia na condução dos negócios. Frederico vive reclamando da suposta falência que ronda suas propriedades, chora misérias enquanto enriquece, dá empréstimos e compra terras aparentemente sem proveito algum. Figura enigmática e silente, Frederico exige do narrador uma grande capacidade de composição em suas minúcias requintadas.

Sovina até nos carinhos, Frederico é assim descrito, em uma das primeiras sequências da história, antes de Eduardo dar partida a sua viagem no tempo:

> [...] Posso dizer que Frederico foi para meus anos de criança como um estranho. Nunca seu carinho passou perto de mim. De noite, quando as estrelas queimavam no alto, mandava que apagassem os lampiões por motivo de não desperdiçar luz. Vez por outra estendia para mim a mão de dedos chatos:
> — Deus te abençoe, menino.
>
> (*Olha para o céu, Frederico!*, p. 23)

Em um determinado trecho, entende-se a razão do título. Padre Hugo de Arimateia, que tinha lugar de honra na mesa de Frederico, vivia de engenho em engenho, com água benta nas mãos. Para ele, o mundo andava errado, e o tio de Eduardo não era exceção, já que "só vivia de safras na boca e chaminés no pensamento. Não fazia nada pelas coisas do eterno". Então, Hugo, de olhos brilhantes, dizia: "Frederico, olha para o céu!".

A obra despertou a admiração de autores como Herberto Sales, que, como disse em seu discurso de recepção a José Cândido na ABL, se encantou pelo romance muito antes de conhecer o autor pessoalmente. Quando trabalhava na revista *O Cruzeiro*, empresa que também tinha uma oficina de publicação, Herberto Sales quis relançar o livro, programando-o para a Coleção Contemporânea. O romance não fez ruído de *best-seller* até porque a distribuição não era das melhores.

Contudo, a reedição serviu a um propósito fundamental: Frederico circulando novamente nos meios literários mostrou que José Cândido de Carvalho, que não gostava de aparecer, estava vivo e atuante como autor. E prestes a se juntar à grande imprensa carioca como jornalista, pois, a partir daquele momento, começaram a surgir convites. O romancista de primeira viagem tornou-se cronista de primeira linha. Frederico, ainda que lentamente, abriu caminhos para a trajetória do imortal que José Cândido viria a ser.

G g

Galo (o Vermelhinho)

[...] Nas conversas com o galo nunca esquecia de recomendar:
— Veja lá! Não vá vosmecê judiar do bichinho do doutor.

(*O coronel e o lobisomem*, p. 163)

É no capítulo 6 de *O coronel e o lobisomem* que Ponciano ganhou de Serapião Lorena, o major, um galinho de briga que, ao lado do Sobradinho e da prima Esmeraldina, foi uma das três maiores afeições do coronel. Os empregados da fazenda de pronto desdenharam o presente: "Não vale o milho que vai comer", sentenciaram, a julgar pelo aspecto franzino — "um tiquinho de pena, pescoço de linha, perna de graveto, pelanca só" (p. 148). Contudo, o coronel afeiçoou-se tanto ao galinho a ponto de o povo achar curiosa a estranha amizade. O personagem adquire no romance uma dimensão imprevista até quase o final das aventuras narradas, quando o bicho acaba se envolvendo com uma surucucu, em um lance de flagrante realismo mágico.

O galinho, que de início era um tiquinho, empoleirado com o gogó cheio de rompância em seu galho de limão, ganhou em poucos meses outra figuração: plumagem, canto de força e corrida ligeira, além de fama no Sobradinho. Até patente de capitão recebeu de seu amoroso dono. O apelido veio por conta de Saturnino Barba de Gato, que logo chamou o bicho de Vermelhinho Pé de Pilão.

O galo foi ser treinado em Poço Gordo, para ter "esporão de faca, asa de gavião e coice de mula" (p. 150). A partir de então, começaram as rinhas. Tutu Militão trouxe o recado do dr. Caetano Melo, querendo contratar briga com o galo do coronel. Ponciano recusou de imediato, mas Caetano insistia. Ocorre que Juju Bezerra comentou com o coronel a existência de uma dona Bebé, prima de Caetano, na fazenda em Ponta Grossa dos Fidalgos. Moça muito bonita. "Vi logo que essa dona Bebé de Melo era da raça das tanajuras — o fininho da cintura servia de ligamento entre os fornidos de cima e as abundâncias de baixo", analisa Ponciano (p. 158).

Nicanor do Espírito Santo, "o retinto, sempre bem-falante", trouxe mais tarde uma carta de Melo, convidando o galinho para outra disputa. Interessado em dona Bebé, Ponciano resolveu aceitar, oferecendo para o primo da moça até um cavalinho de presente ("cavalinho azeitonado, de canela fina, capaz de correr na frente do vento de agosto", p. 162). No dia da disputa, Ponciano foi, a seu modo, vistoso, cheirando a inauguração. Grande comitiva foi até Ponta Grossa. Dona Bebé, com caxumba, no resguardo do vento, não apareceu, para desgosto do coronel.

O galo adversário, de pescoço pelado, tinha fama de furar os olhos de sua vítima. Depois de um lauto banquete, começou a rinha. O pescoço pelado quase estraçalhou o Pé de Pilão. No intervalo da luta, Ponciano falou nos ouvidos do galinho que deveria honrar a patente. E o galinho, que entendia língua de gente, ou melhor, que entendia a linguagem de seu dono, o "poncianês", atendeu ao pedido. O trecho merece um destaque:

> — Quero ter um particular com esta mimosura.
> Carreguei o desarvorado para os sozinhos do fundo do terreiro e nesse sossego, na sombra de um pé de oiti, chamei o bicho às responsabilidades. Que vergonha era essa de levar esporão do rabo à crista, sem mostrar valentia? [...]
> — Que adiantou vosmecê receber regalia de capitão se não sabe honrar a patente? (p. 175)

Vermelhinho Pé de Pilão, claro, acabou vencendo o adversário, num coice de guerra, para a alegria do coronel e de sua comitiva.

Depois que o coronel se desloca para o espaço urbano, vem a saber, por intermédio do compadre Juquinha, de uma notícia nefasta: o galo Vermelhinho tinha partido em defesa do Sobradinho contra uma surucucu que o havia mordido anteriormente — mordida esta que o galinho jamais conseguira esquecer. Mais um episódio em que JCC explora suas habilidades de elaboração do "real maravilhoso":

> [...] Esfrangalhada pelo galo, que sabia bater nas partes moles, a surucucu não ensarilhava as armas. Morria no pau, sem pedir refresco. E assim, a ferro e fogo, galo e cobra levaram a guerra até no beiçal do mar. E sem medo de boto ou sereia, como guerreiros destemidos, foram de água adentro, um embaralhado no outro, em abraço final (p. 278).

Há aqui a possibilidade de se fazer alguns paralelos interessantes. O primeiro deles é a relação entre o galinho e a surucucu, e Ponciano e o lobisomem (assim como os outros males que rondam o Sobradinho, a exemplo da onça e do ururau). Assim como a surucucu pode ser a representação da maldade (ou a tentação da serpente, como se queira), simbolicamente os animais — as bestas — que rondam a vizinhança encarnam o mal ou o "diabo" (como muitas vezes o autor se refere ao lobisomem), que está à espreita dentro e fora dos corações dos humanos.

Seria, então, o galinho, esse afeto tão grande do coronel, um duplo de Ponciano? Nesse diminutivo decantado em tantos "inhos" não estaria um símbolo da alma infantil do gigante com voz de trovão? O galinho é muito mais do que um mascote; pode ser um símbolo de um coronel menino, que se revela em pequenos gestos de bondade ou ainda no sentimentalismo ou na forma infantil com a qual ele se relaciona com as pessoas e o mundo.

Faz-se um parêntese aqui para a puxada de um fio a que esta linha conduz: o lado infantil, agora não de Ponciano, mas do próprio José Cândido, revela-se em uma obra pouco ou nada citada em sua bibliografia: *Pinóquio em procura de Branca de Neve* (Editora Getúlio Costa, s/data). O livro foi assinado apenas Cândido de Carvalho, por desejo do próprio, que não parecia querer que a obra fosse incluída em seu currículo.

Curiosa essa recusa, pois o livro é um primor. História adaptada de um conto de Pietro Peluggi, conta as aventuras de dom Pinóquio Peroba e seu secretário, Pepino Kuatro, do Reino de Calatrava. E ainda há o marquês de Lava Rhoupa, o rei Abóbora, o barão Pedro Façanhudo, Bento Maneta, entre muitos outros. Os intrépidos aventureiros se espalham por vários lugares, sendo um deles — olha a coincidência — uma hospedaria chamada... GALO VERMELHO! A tabuleta do estabelecimento, como diz o texto, informava que ali eram vendidos os melhores vinhos do mundo, vindos da adega do rei Morgan I.

Não se sabe com exatidão por que motivo José Cândido não quis ver seu *Pinóquio* publicado novamente, já que a obra teve apenas uma primeira edição, por volta dos anos 1940. Imagina-se que o livro tenha sido escrito por encomenda em uma época em que o autor estava começando a carreira, com uma família que também começava, e, portanto, precisando de dinheiro. De qualquer forma, salienta-se o aspecto do lúdico com um olhar voltado para a imaginação infantil. O filão, se o autor quisesse, poderia ter sido um caminho paralelo em sua trajetória.

Que livros mais ele poderia ter escrito ou adaptado a seu modo? Impossível saber, mas, a julgar pelas cartas que escrevia para a filha Laura, a quem chamava de "vocezinha", imagina-se que muita coisa de qualidade poderia ter sido produzida. José Cândido costumava escrever cartas inteiras para Laura utilizando apenas diminutivos. Como se vê, o apreço pelos "inhos" vem muito antes da invenção do "galinho Vermelhinho" que surgiu no Sobradinho quando ainda era um "tiquinho".

H h

Humor

— Nunca cuidei, nobre e ilustrado povo de Jacuná de Santa Cruz, que minha pessoa fosse recebida embaixo de fogos, foguinhos e foguetes. É demais! Eu não mereço tanto. Mas prometo, de pedra e cal, botar nesta cidade os benefícios da luz, da água, da instrução pública e da injeção para expulsar do educado povo de Jacuná as impurezas das doenças. E tem mais. Dou minha palavra de honra que só permitirei injeçãozinha na popa e em parte outra alguma, que só a popa condiz com picada de injeção.

("Incendiaram um anjo!", em *Porque Lulu Bergantim não atravessou o Rubicon*, p. 215)

O humor em José Cândido de Carvalho é o molho especial de tudo o quanto escreveu. E mais: foi uma espécie de posição filosófica de vida e literatura, já que, também em suas entrevistas à imprensa, tudo que o autor disse está, de alguma forma, embebido do mesmo tempero com que regava sua escrita. Na ficção, seja por conta dos personagens e das situações estrambólicas que vivem, ou por obra da linguagem que articulam, ou do cenário onde eles, os personagens (a maioria deles anti-heróis), inserem-se, o humor dá o tom e a medida do riso fácil (mas não a gargalhada), que enreda o leitor do início ao fim das histórias, episódios ou capítulos.

No nível da narrativa, o humor muitas vezes surge da quebra da lógica acadêmica, como uma diálise linguística primorosa, em que aparecem expressões incomuns, com verbos que não combinam com o resto da frase, como "expelir uma valsa de um piano", por exemplo, sem falar nos ditados e nas idiossincrasias que marcam seus personagens cheios de manhas e manias. Herdeiro da melhor tradição humanística, com raízes no píncaro espanhol, o autor transforma o humor em sua arma secreta. Pelo riso, faz surgirem as mais diversas fragilidades humanas, geralmente relacionadas à falta de algum caráter ou aos vícios mais ordinários e comezinhos. O viés do cômico suaviza a realidade, embora não deixe de retratá-la por um espelho retorcido, como os de circo, que sempre aumentam e redimensionam as proporções.

Para a crítica Nelly Noaves Coelho, em um pequeno estudo para uso de professores (editado pela José Olympio), sobre *O coronel e o lobisomem*, o humor é a "temperatura" que empresta à ficção de JCC grande parte de sua excentricidade, como no caso dos episódios hilários de seu romance mais famoso. Há, nessa obra, uma libertação do pessimismo e da dramaticidade que imperavam no romance regionalista tradicional; os acontecimentos vão surgindo impregnados de um humor que às vezes beira o épico, outras o lírico, outras tantas o dramático.

Como analisou Antonio Olinto, por ocasião de uma das reedições de *Olha para o céu, Frederico!*, em 2002, em texto publicado no *site* da ABL, o humor nos escritos de José Cândido de Carvalho está estreitamente ligado não só ao modo de falar e de reagir da região goitacá, como também reside na forma particular com que o povo daquelas localidades consegue sacudir e provocar o manso quietismo de uma vasta faixa da cultura brasileira: "O quiproquó vocabular dos cômicos e palhaços", escreve, "integra um espírito geral de zombar das coisas, essencial para a descoberta de que o rei está nu. Pois dizer que o rei está nu é preciso".

Apesar de o humor estar presente em praticamente tudo o que José Cândido escreveu, é em *O coronel e o lobisomem* que a "temperatura" alcança o ponto da fervura. A partir das aventuras de um coronel defunto, que é o narrador em perspectiva, o leitor se diverte com os episódios mirabolantes que entrelaçam facilmente o real com o maravilhoso, em uma receita triunfante.

Curioso observar o poder do humor pelo viés político. Apesar de a obra de José Cândido ser despretensiosa quanto às questões de engajamento, há que se refletir que nada em literatura é tão inocente quanto possa parecer. Nenhuma questão do cenário político brasileiro da época foi retratada por José Cândido. *O coronel e o lobisomem*, a obra-prima, passa ao largo de todo e qualquer acontecimento ancorado na realidade do país, que não ganha contornos no enredo nem sequer do ponto de vista metafórico, embora o livro tenha sido lançado no conturbado ano de 1964.

Em uma leitura desatenta, pode-se dizer que a atitude do autor é de indiferença ou alienação. Ocorre que os fatos políticos ou as questões ideológicas, do cenário tanto mundial quanto nacional, não interessavam a José Cândido diretamente. Não tinha ele, a meu ver, obrigação de transportar para o seu texto as inquietações políticas do momento histórico de maneira explícita. Ainda que a esquerda torcesse o nariz para isso. Um intelectual, atuando no texto ou nas telas, não deve ser obrigado a se expressar de forma panfletária. No entanto, JCC parece dizer, por meio de textos tão ardilosamente bem-urdidos, que a literatura, para ser política, *não precisa* ser engajada. Às vezes, nem precisa retratar a realidade imediata e verdadeira das situações, já que o realismo fantástico pode muito bem dar conta do recado — a metáfora é capaz de ir muito além da descrição objetiva dos acontecimentos.

Há que se observar que o humor, especialmente em *O coronel e o lobisomem*, se transforma em instrumento sutil de crítica social e política de um mundo rural que serve de metonímia de um mundo maior, também urbano, onde o embate que se trava no campo é o mesmo, embora os personagens estejam paramentados de forma diferente. Sabe-se que José Cândido conheceu a vida rural bem de perto. Se as aventuras de Ponciano são fantásticas e alucinantes, com episódios de ururaus, onças, lobisomens e sereias, muito do que ele descreveu ali, em relação aos desmandos de poder ou da vida dura dos trabalhadores do campo, ele testemunhou de fato quando morava ao redor das fazendas de Santo Amaro, mesma época em que produzia *Olha para o céu, Frederico!*.

Como analisa o diplomata Ricardo Luiz, filho de JCC, em um sentido amplo, o autor teve, sim, uma participação política muito importante. Para começar, foi criativo e não conformista em literatura. Tentou mudar padrões. Mexeu nas palavras e as utilizou em sentido inesperado. Tudo isso para grande efeito estético inovador. "É preciso ter coragem e competência para entrar por esse caminho, pois é mais fácil ter sucesso repetindo comportadamente a corrente principal. Até porque essa opção de trilhar caminhos conhecidos não causa tantos ciúmes nem inveja. Um antecessor literato verá em você apenas mais um legítimo discípulo continuador de sua obra que não lhe causa constrangimento", observa Ricardo.

Quanto ao fato de que intelectuais de esquerda tenham se manifestado contra a falta de engajamento ou de opção partidária de JCC, Ricardo diz: "Ele era um liberal, admirador, *grosso modo*, de regimes parlamentares ao estilo da Inglaterra e da democracia norte-americana." Contudo, "o autor viveu em um país sujeito à instabilidade, que engatinhava precariamente na construção de um sistema democrático e era sacudido nesse processo por inúmeros percalços de golpes e ditaduras", acrescenta Ricardo. Ao final, JCC se dizia monarquista, mas usava isso como uma alegoria, brincadeira quase, e, em grande medida, tal instrumento era uma espécie de reação a um mundo que tomava rumos que não lhe agradavam.

José Cândido, ainda segundo o filho Ricardo, além dos artefatos do humor, usou também a metáfora ambiental para dar expressão a um descontentamento de caráter mais amplo com respeito ao estado de coisas brasileiro e internacional. "Falava, já nos anos 1960 e 1970, dos desastres que se prenunciavam na área ambiental quando esse assunto não estava sequer na agenda internacional e menos ainda na brasileira", recorda o diplomata.

Nesse sentido, JCC disse claramente o que pensava. Denunciou sempre os desmandos contra a natureza. Adotou, inclusive, medidas práticas, pois nunca teve — e detestava — automóvel, que considerava grande praga do mundo moderno. José Cândido se dizia contra o progresso desordenado e usava essa bandeira (aí, sim, pode-se falar em engajamento em favor de uma causa) para exacerbar seu desagrado com o desrespeito pelo ser humano em geral e pela questão ambiental que via se estruturar na sociedade. O humor faz parte desse seu poderoso arsenal de guerra contra o estado de coisas.

O próprio autor, no trato com familiares e amigos, era uma figura repleta de humor. Perspicaz, irônico, suas observações não se faziam no sentido de fazer provocar um riso frouxo. Não era do tipo de contar piadas em voz alta. Tinha um senso crítico mais alerta do que qualquer sujeito; seus sentidos rapidamente captavam um flagrante que, de repente, virava alvo de algum comentário cômico. Era de uma discreta excentricidade. Fazia os outros rirem pelas coisas simples que dizia. Era engraçado ouvir seus temores ou manias, além de algumas inusitadas superstições — não gostava de aquários nem de cactos porque dizia que davam "uruca".

I i

Imitação

> Há muita imitação da linguagem do Coronel, como em Odorico, o bem-amado. Aquilo é um pastiche deslavado.
>
> (*Literatura comentada: José Cândido de Carvalho*, p. 5)

Não havia ninguém no mundo capaz de convencer José Cândido de Carvalho, por quaisquer argumentos que fossem, que o novelista Dias Gomes, a quem passou a chamar de "o vampiro de peruca", estava falando a verdade ao declarar, em uma entrevista ao programa *Sem Censura*, da TVE, que não havia feito de seu *O bem-amado* uma "cópia fora de foco ou desbotada" (segundo palavras de José Cândido), de *O coronel e o lobisomem*, simplesmente porque nunca tinha lido o romance do colega.

Até o momento da entrevista, José Cândido levava com certa tranquilidade a semelhança entre ambas as obras e engolia com alguma tolerância o que para ele, intimamente, era um caso comprovado de plágio. Mas, a partir do momento em que Dias

Gomes declara que jamais havia lido *O coronel*, JCC vira uma fera. E parte em defesa de sua obra.

Para José Cândido, Dias Gomes, que posteriormente também pertenceu ao quadro dos imortais da ABL (1991), não só tinha plagiado a linguagem de seu coronel, como "sugara" a obra como "um Drácula de terreno baldio" ("Vampiro de peruca", *Revista Nacional*). José Cândido sustentava a sua argumentação no fato de que, em 1960, quando a revista *Cláudia* publicou a versão original de *O bem-amado*, texto inicialmente escrito para o teatro, ainda não existia *O coronel e o lobisomem*, que só apareceria quatro anos depois, isto é, em 1964, em um lançamento da Editora O Cruzeiro. A primeira versão da obra de Dias Gomes era bastante diferente da segunda, que veio a público com os requintes do que JCC garantia ser plágio.

José Cândido comprovava sua afirmativa, no mesmo artigo citado, dizendo que o primeiro texto de Dias Gomes, o de 1960, "bem poderia ter sido escrito pelo Conselheiro Acácio ou pelo Pacheco de Eça de Queiroz", por ser um "melancólico depósito de lugares-comuns, sem brilho e sem centelha"; "o Odorico de *O bem-amado* de 1960 não passava de um bacharel falando certinho, colocando bem os pronomes e as crases, sem nada do tonitruante Odorico Paraguassu da novela da TV Globo dos anos 70". Espanta-se JCC com o fato de que Odorico tivesse se transformado surpreendentemente em coronel de patente, passando a proferir uma série de ismos e outros achados linguísticos "vampirizados de *O coronel e o lobisomem*".

José Cândido foi ainda mais longe ao dizer que o título da peça de Dias Gomes também fora "surrupiado" de um velho e esquecido romance inglês do século XIX, traduzido para o português pelo poeta Xavier Placer em 1943.

O autor critica a falta de uma política de direitos autorais mais austera no país, a fim de impedir que os plágios ameacem a produção intelectual dos artistas:

> Aquilo é um pastiche deslavado. Num país civilizado, num país em que os direitos autorais fossem realmente regulados, o imitador teria que me pagar um grande pedágio. Na verdade, ele não sabe colocar as palavras, ele exagera. A coisa fica muito ridícula.

(*Literatura comentada: José Cândido de Carvalho*, p. 5)

Em artigo para a *Revista Brasileira*, o acadêmico Arnaldo Niskier levanta a poeira do debate e aborda o tema, fazendo algumas comparações entre os dois textos, que valem a pena observar:

O coronel e o lobisomem:

"Já morreu o antigamente em que Ponciano mandava saber nos ermos se havia um caso de lobisomem a sanar ou pronta justiça a ministrar";

"Nos currais de Sobradinho, no debaixo do capotão de meu avô, passei os anos de pequenice, que pai e mãe perdi no gosto do primeiro leite";

"— Esse menino tem todo o sintoma do povo da política. É invencioneiro e linguarudo";

"Meus dias no Sossego findaram quando fui pegado em delito de sem-vergonhismo em campo de pitangueiras".

O bem-amado:
"Vamos deixar de entretantos e ir direto aos finalmentes";

"Esta obra entrará para os anais e menstruais de Sucupira e do país";

"É com a alma lavada e enxaguada que lhe recebo nesta humilde cidade";

"Vamos dar uma salva de palmas a esta figura trepidante e dinamitosa".

Niskier acredita que, com a morte de ambos os autores, a discussão sobre o plágio tenha se dissolvido em fumaça. Afinal, quem estaria com primazia?, pergunta. "Ou foi por acaso, coisas do nosso surpreendente subconsciente? Aí está uma primeira razão para evitar a monótona unanimidade e lembrar para sempre os seus inspirados autores", escreve Niskier.

De qualquer forma, não era bem assim que JCC pensava. Sua ideia era mesmo a de que Dias Gomes o havia copiado e utilizado sua obra como uma espécie de palimpsesto — escrevendo por cima do que já estava escrito. Mas, como disse a grande amiga de José Cândido, a imortal Rachel de Queiroz, alguns anos após o lançamento de *O coronel e o lobisomem*:

> Falar a verdade, é o gênio da língua que baixa nesse moço, como santo de terreiro no seu cavalo. O que estava por fazer, nestes seiscentos ou mais anos de língua portuguesa, [...] esse brasileiro inventa por conta própria e depois oferece à gente de graça. *Agora é só imitar — quem tiver competência!* (grifos meus).

J j

Jornalismo

Jornalismo é o que gosto de fazer. Faço com um pé nas costas.

(*Literatura comentada: José Cândido de Carvalho*, p. 5)

Sempre estive mais à vontade no dia a dia do jornal, que é um espelho da vida, do que na ficção, que é mato brabo de onça e surucucu.

(José Cândido de Carvalho, em *O Prelo*)

A primeira resposta de José Cândido quando lhe ofereceram um emprego de redator na *Folha do Comércio*, em Campos: "Doutor, sou despraticado de escrever, vim de trabalho de pilulador de farmácia, sou perito em bula de remédio. Agora tem uma coisa, doutor. Em assunto de vírgulas, ninguém pode comigo" (entrevista a *O Estado de S. Paulo*). Era o ano de 1930. José Cândido tinha apenas 16 anos. Assim começou a carreira do jornalista que se tornaria escritor e vice-versa — não se sabe bem onde terminava uma atividade e começava a outra, já que a investigação, o faro e o gosto pela pesquisa de casos e gentes sempre estiveram na raiz de tudo o quanto escreveu, tanto no espaço da ficção quanto das crônicas.

Na verdade, o primeiro emprego de Cândido em jornal foi, também em 1930, em *O Liberal*, semanário político e de notícias de Campos, embora lá ele tenha trabalhado apenas como revisor. Na redação de notícias, de fato, José Cândido entrou quando substituiu Raimundo Magalhães Jr. na *Folha do Comércio*.

Magalhães Júnior estava de mudança para o Rio, para onde logo José Cândido também se transferiu após terminar a Escola de Direito Clovis Bevilacqua, em 1937. Nessa época, ainda bem jovem, admirador de Rachel de Queiroz e de José Lins do Rego, José Cândido já tinha começado a escrever os rascunhos de seu primeiro romance, *Olha para o céu, Frederico!* (1939). Ainda em Campos, trabalhou em outros jornais, como *O Dia*, *A Notícia*, *A Gazeta do Povo* e *O Monitor Campista*.

Em 1938, já no Rio, morou primeiro em Santa Teresa. Foi o tempo em que entrou para a redação de *A Noite* como repórter, a convite do então diretor Vasco Lima. O jornal chegou a ter quatro edições diárias: manhã bem cedo, hora do almoço, tarde e noite. Ali, José Cândido ficou por mais de 18 anos, até o fechamento do veículo, em 1957.

Durante o período em que trabalhou no jornal *A Noite*, houve uma época em que o jornalista acumulou funções e foi também funcionário público, em um cargo de redator no Departamento Nacional do Café.

Ficou por pouco tempo. Em 1942, Amaral Peixoto, então interventor no estado do Rio, convidou José Cândido para dirigir o jornal matutino *O Estado*, em Niterói, um dos grandes diários fluminenses.

Com o desaparecimento de *A Noite*, no final da década de 1950, José Cândido foi obrigado a se desdobrar para conseguir trabalho. Procurou Herberto Sales, jornalista e autor de *Cascalho*, de 1944, para lhe propor a publicação da segunda edição de *Olha para o céu, Frederico!*. Sales não apenas aceitou prontamente a ideia como ainda convidou o jornalista para escrever em *A Cigarra*, revista editada nas oficinas de *O Cruzeiro*, do grupo Diários Associados, de Assis Chateaubriand. Depois JCC passou a colaborar no *Jornal do Brasil* como cronista. Por indicação de Herberto, começou a trabalhar na redação da revista *O Cruzeiro*, na qual montou e dirigiu a seção de copidesque, e assinou textos memoráveis. No início dos anos 1960, substituiu Odylo Costa, filho, na edição internacional da revista.

Com o fechamento de *O Cruzeiro Internacional*, em 1964, José Cândido passou a trabalhar apenas como redator de *O Cruzeiro*, continuando em *A Cigarra*. Na revista, publicava crônicas e histórias curtas. Foi em *O Cruzeiro* que o jornalista reformulou, a partir de 1962, a coluna "O Impossível Acontece", assinada com as suas iniciais. Recebia cerca de 300 cartas por mês. O rico material foi depois aproveitado no mosaico de pequenas histórias, posteriormente publicadas nos livros de crônicas. A *Revista Nacional* chegou a ter 80 mil exemplares semanais — um dos recordes foi com a edição do suicídio de Getúlio Vargas. Detalhe: não havia ainda assinaturas, e as revistas eram vendidas apenas em bancas.

JCC amava o jornalismo diário, especialmente o exercício das crônicas que escrevia para as colunas em jornais e revistas. Muitos foram os escritores que viveram no mundo duplicado, entre o jornal e o livro, desde tempos mais recuados, como Machado de Assis, até contemporaneamente, a exemplo de João Ubaldo Ribeiro, Luis Fernando Veríssimo, Carlos Heitor Cony etc. Se a literatura de todos estes evoluiu para um caminho diferente após o encontro de suas penas com as páginas de jornal, isso é um assunto para estudos críticos. De qualquer forma, o jornalismo lucrou imensamente com a participação do autor na imprensa.

Longos 25 anos depois do primeiro livro, *Olha para o céu, Frederico!*, José Cândido lançou, em 1964, pela empresa editora de *O Cruzeiro*, o romance *O coronel e o lobisomem*, que, a princípio, era para ser um livro de contos, mas acabou virando o grande romance da carreira do autor. Um trabalho cheio de talento e de cuidados, com uma linguagem única, como já observado.

Se para JCC romance era "assunto dificultoso", um garimpo lento, como se escrever fosse quebrar rochas, o jornalismo era para o autor uma seara onde dizia estar sempre mais à vontade. Em 1968, subscreveu o "Diário JCC", de *O Jornal*, que reunia contos, crônicas e notas humorísticas. Adorava também fazer entrevistas. Uma seleção delas foi publicada em *O Cruzeiro* na seção "Quem É Você?". Algumas destas, somadas a outras, integram o livro *Ninguém mata o arco-íris*, publicado em 1972 pela José Olympio.

José Cândido dizia que as entrevistas eram retratos 3x4 — uma forma de "interpretar" as pessoas, que saíam da conversa "inteirinhas". A obra recebeu pinceladas irônicas por parte de críticos que não entendiam como, mesmo entrevistando figuras políticas de direita, José Cândido não enveredava por questões dessa ordem; ao contrário, concentrava o foco apenas no lado humano de seus retratados, sem questionar ideologias. Ele não se importava. Gostava mesmo era de conhecer pessoas. De todos os personagens que o jornalista entrevistou em sua longa carreira, um dos que mais o marcaram não foi nenhuma figura ilustre, mas sim uma criatura "desimportante": um batedor de carteira. "Era um artista, um gênio perdido no varejo de aliviar bolsos. Preparava os golpes como Portinari as lutas", descreveu.

O jornalismo correu sempre em paralelo aos cargos públicos que José Cândido assumiu. Em 1970, foi nomeado diretor da Rádio Roquette-Pinto e, em 1974, assumiu a direção do Serviço de Radiodifusão Educativa do MEC. Nesse mesmo ano, foi eleito imortal na Academia Brasileira de Letras. Ainda em 1974, iniciou a gestão como presidente do Conselho Estadual de Cultura do Rio de Janeiro e, no ano seguinte, assumiu a direção da Fundação Nacional da Arte (Funarte) a convite do ministro Ney Braga, uma de suas maiores admirações políticas, ocupando o cargo até 1981.

Em *O Cruzeiro*, o autor publicou a seção "O Gramofone", que depois virou "Jornal de JCC". José Cândido permaneceu em *O Cruzeiro* e *A Cigarra* até o fechamento de ambas, em 1975. Até os últimos meses de vida, publicou regularmente suas histórias e notas em jornais como *O Fluminense* e *Revista Nacional*, e em formato de encarte dominical no *Jornal do Commercio*.

O jornalismo de José Cândido de Carvalho sempre esteve diretamente ligado à literatura. Um lado ajudou o outro lado a se formar.

Em uma entrevista, a professora e crítica literária Bella Jozef perguntou ao autor se o jornalista não atrapalhava o escritor e vice-versa. Eis a resposta:

> Não, porque em ambos, no jornalista e na escrevedoria, sempre fui um enganador. Não tenho sido outra coisa na vida: um hábil enganador. Mas fico melhor na reportagem, principalmente na entrevista, do que na prosa de ficção.
>
> (entrevista a *O Estado de S. Paulo*)

José Cândido de Carvalho
aos 9 anos, em 1923.

José Cândido com
a mãe, dona Maria
Cândido, em 1924.

O pai, Bonifácio de Carvalho, a mãe, dona Maria Cândido, a madrinha, dona Mariquinha, José Cândido e uma amiga.

Com a mulher Edê, recém-chegados ao Rio de Janeiro, início dos anos 1940.

O poeta Cassiano Ricardo e José Cândido de Carvalho, em 1966.

Fumante inveterado em ação. Década de 1970.

Torreão de usina em Campos, Rio de Janeiro.

José Cândido de Carvalho na Rádio Roquette Pinto, em 1973, no Rio de Janeiro.

José Cândido ao lado do editor José Olympio, na então sede da editora, em Botafogo.

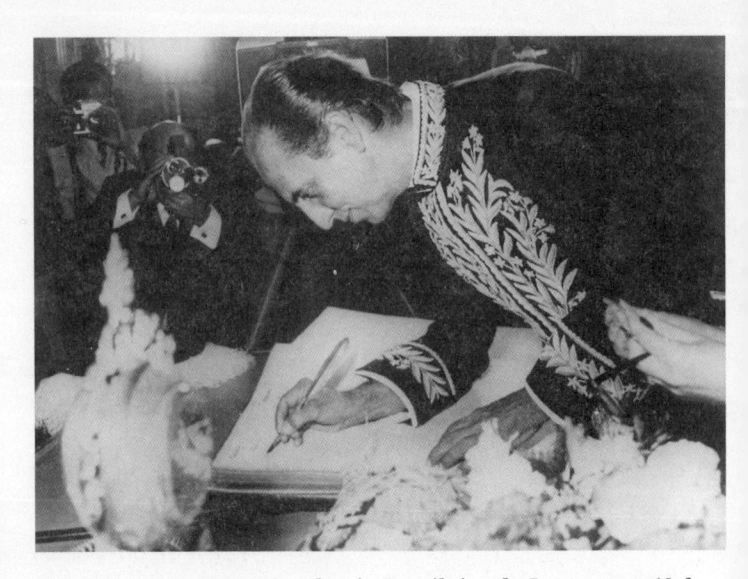

Ao tomar posse na Academia Brasileira de Letras, em 1º de outubro de 1974, sucedendo ao poeta Cassiano Ricardo, na cadeira 31.

José Cândido de Carvalho e o filho Ricardo na entrada da Academia Brasileira de Letras, no Rio de Janeiro, em 1985.

José Cândido em sua residência com uma edição de *O coronel e o lobisomem,* por volta dos anos 1960.

José Cândido de Carvalho com o jornalista Prudente de Moraes, neto, a escritora Lygia Fagundes Telles e o professor Sérgio Buarque de Hollanda, na sede da editora José Olympio, em Botafogo, Rio de Janeiro.

Dona Edê e os filhos Laura e Ricardo.

José Cândido entre sua filha Laura e a mãe, dona Maria Cândido, no Rio de Janeiro.

Laura e o irmão Ricardo.

Laura com o marido Renato e os filhos. A partir da esquerda:
Luciana, Renato, Flávia e Isabella, no Rio de Janeiro.

José Cândido de Carvalho com o filho Ricardo e o neto Sérgio.

A partir da esquerda: Laura, entre a cunhada Marina e o irmão Ricardo, com a filha Laurinha.

Laura com os netos. A partir da esquerda:
Pedro, Igor, Maria Eduarda, Maria Antônia e Isadora.

Laura no lançamento do filme *O coronel e o lobisomem*, no Rio de Janeiro, em 2005.

Olha para o céu, Frederico! (1939), *O coronel e o lobisomem* (1964), *Porque Lulu Bergantim não atravessou o Rubicon* (1971), *Um ninho de mafagafes cheio de mafagafinhos* (1972), *Ninguém mata o arco-íris* (1972) e *Se eu morrer telefone para o céu* (1979), publicados pela editora José Olympio.

K k

Kubitschek

Juscelino Kubitschek ganhou um capítulo inteiro do livro de entrevistas *Ninguém mata o arco-íris*. São sete páginas em que José Cândido traça o perfil de JK — a "lenda em óculos e paletó", como o autor define o político. O título da entrevista: "O futuro manda lembranças."

Quando JCC entrevista JK, em uma tarde de chuva e galochas, Brasília já tinha sido construída, e o político havia muito se tornara não apenas um dos ex-presidentes mais populares do país como principalmente um mito histórico. Era o ano de 1968. JK escrevia suas memórias.

Interessante que, em vez de enveredar pela política, um dos temas que José Cândido resolveu inserir na entrevista foi justamente um de seus preferidos: as assombrações. E, munido de muita curiosidade, eis que faz a pergunta "meio chanfrada" a JK:

— Presidente, como anda Diamantina em matéria de assombração?

Kubitschek não recua nem cai no riso (como diz o próprio José Cândido). A resposta vem na lembrança de um cavaleiro morto em perdidos anos e que teimou em não falecer, andando sempre em seu galope encantado. Virou, então, "um fantasma andador", que atravessava a cidade para desaparecer na noite do sertão. O relato de José Cândido prossegue contando que, muitas vezes, no Catete ou no Alvorada, em Nova York ou em Paris, no poder ou no exílio, Kubitschek ouvia seus perdidos passos. E escreve: "vai ouvir esse tropel a vida toda. Enquanto tiver um coração de menino."

No texto, José Cândido define JK como um eterno otimista, especialmente em relação a um imaginado ano 2000, que, acreditava o político, seria um de menos conflitos, desencontros e contradições.

L I

Lobisomem (e toda a sorte de assombrações)

> Acredito em fantasmas e lobisomem, até em disco voador. Acho que deveria ser criado o Instituto das Almas do Outro Mundo [...]. Um dos maiores crimes do século foi matarem os fantasmas. Em Campos ainda tem uma casa em que aparece uma moça de tranças.
>
> (entrevista a *O Estado de S. Paulo*)

José Cândido gostava de perder tempo. Olhava a paisagem, ficava horas sentado em bancos de praças públicas em conversas vadias, falando sobre discos voadores, lobisomens, coisas de vampiro e assombrações. O interesse por esses assuntos era tanto que uma vez ele sugeriu a criação de um Instituto das Almas do Outro Mundo para proteger fantasmas e afins que encantam a imaginação popular através dos séculos. José Cândido não se conformava que o progresso tivesse acabado com os duendes que apareciam nos jardins, no tempo em que ainda havia jardins.

A suposta crença em lobisomens foi sempre curiosidade dos repórteres que o entrevistaram. A resposta afirmativa vinha meio de soslaio. JCC dizia e desdizia ao mesmo tempo que acreditava em assombrações, incluindo não só os lobisomens como as mulas sem cabeça e os boitatás.

> Acredito nessas coisas todas da família dos encantos. Em assombramentos de corredor, em fantasmas de porta de cemitério, em lobisomem, boitatá e outras maquinações da noite e do luar. E a grande desgraça dos tempos novos foi a morte das fábulas, dos gênios que vinham dentro de garrafas e dos tapetes que voavam.
>
> (entrevista à revista *Manchete*)

Na verdade, JCC esquivava-se, puxava uma conversa aqui e outra ali para não deixar certezas, mas também para não desmentir completamente os lobisomens.

Muito da prosa delirante de JCC teve como ponto de partida os cenários da cidade de Campos. Era lá, por exemplo, que, segundo o próprio, em uma entrevista ao *Jornal do Brasil* em 1979, apareciam personagens, como uma assombrada moça de tranças que, vez por outra, surgia dentro de uma casa. Já o jornalista Hervé Rodrigues teria conhecido um lobisomem que acabou coletor de impostos em Santo Amaro. Um lobisomem de carreira! (entrevista ao *Jornal do Brasil*). A imaginação de José Cândido bebeu ainda na fonte das conversas-fiadas de rua, no disse me disse entreouvido no burburinho do povo de Campos, entre as pessoas que diziam ter visto vultos e afins, entre eles os famosos lobisomens, sempre em noite de lua cheia.

Em *Porque Lulu Bergantim não atravessou o Rubicon*, há algumas boas histórias de assombrações. Uma delas tem o título de "Mula sem cabeça feita em casa". Um grupo de pessoas conversava, durante uma "noite trevosa", sobre alma do outro mundo. Uma delas, o major Tatão Navega, resolveu contar em miudezas o dia em que viu uma mula sem cabeça ao vivo. Todos os presentes ficaram arrepiados de medo. "Um frio de cruz de cemitério atravessou a sala", e "uma coruja aproveitou para pingar seus agouros nos ouvidos da varanda", diz a história.

Na sequência, um dos ouvintes, um forasteiro que havia pedido talher e cama por uma noite, fugiu de tanto pavor: "[...] o desconhecido deu de voar pelo teto da sala para ganhar a varanda e subir na aba de uma nuvem que o ventão de rabo virado empurrava na direção do cemitério de Ponte Alta" (p. 132).

Em *O coronel e o lobisomem*, precisamente no sétimo capítulo (número cabalístico, não por acaso), acontece o anúncio do caso do lobisomem, que irá se desenvolver no capítulo seguinte. O sétimo capítulo corresponde ao mês de agosto — o mês do desgosto, segundo a crendice popular —, em que uma série de aborrecimentos acontece na vida do coronel, desenrolando um rol de casos a serem resolvidos. Como se o mau agouro propiciado pela presença nefasta do "penado" espalhasse o desassossego por tudo quanto é canto. Assim se inicia o capítulo:

> Veio então agosto e com esse mês de desgosto o caso do lobisomem. São Bartolomeu abriu seu saco e ventos em cima dos ermos. Era um assobiar sem remédio, um gemer sem fim. E, no coice desses demônios, uma chuva empapadeira de pasto apareceu na cabeça da semana e afundou quinzena adentro (p. 179).

O mito milenar do lobisomem assume nesse romance uma espécie de configuração do medo coletivo que ronda os corações de todo o pessoal do campo. Tão logo o nome do dito-cujo surge na trama, no limiar desse sétimo capítulo, espalha-se lentamente o terror.

> Era um bater de portas, uns latidos de cortar o coração. Alta madrugada, o gado dava de gemer. Porteira abria e porteira fechava sem mão de gente nenhuma. Era o lobisomem em penitência (p. 181).

O intrépido Ponciano, "conhecedor das manhas dos escuros", que sempre alardeou aos quatro ventos suas habilidades em debelar as feras do outro mundo, vai, devidamente montado no lombo de sua mulinha, "bicho de grande entendimento", lutar contra o mal. É o coronel quem, quase ao final da trama, se encontra face a face com o tal demônio. O momento em que Ponciano se defronta com o lobisomem não só justifica o título como é um dos instantes grandiosos do romance, em que a narrativa chega ao clímax:

> [...] Era trabalho de gelar qualquer cristão que não levasse o nome de Ponciano de Azeredo Furtado. Dos olhos do lobisomem pingava labareda, em risco de contaminar de fogo o verdal adjacente. Tanta chispa largava o penitente que um caçador de paca, estando em distância de bom respeito, cuidou que o mato estivesse ardendo. [...]
> Não conversei — pronto dois tiros levantaram asa da minha garrucha. Foi o mesmo que espalhar arruaça no mato todo. Subiu asa de tudo que era bicho da noite e uma sociedade de morcegos escureceu o luar (p. 229-230).

Quando o coronel estava prestes a render a presa, no entanto, ele afrouxa a mão, e a "goela pelula" escapa por entre os dedos de Ponciano. E o lobisomem? "Cabeça derreada, olhar já sem brasa de lamparina, mergulhou o penitente na noite dos pastos. A lua, de novo descompromissada de nuvem, voltou ao clarão de antes" (p. 232).

M m

Mulher

Toda mulher que eu conheci, apesar de não ter filho nos braços e na neve, está sempre assim: com o filho nos braços, na neve, o vento soprando forte. Acaba fazendo como um primo meu que, não aguentando mais, explodiu: "Fica desonesta, vai pegar homem na rua, mas, pelo amor de Deus, essas coisas não. É um preço muito alto."

(entrevista à revista Manchete)

[...] Mulher gosta de solavanco.

(conversa entre os personagens
Jordão de Araújo e Neném Cruz, em
Porque Lulu Bergantim não atravessou o Rubicon, p. 242)

De repente, contraí aquela devastação de saudade de dona Branca dos Anjos. [...] Sempre nesses meus quebrantos, sobrevém a moça das tranças.

(O coronel e o lobisomem, p. 135)

O gênero feminino tem destaque na prosa de José Cândido. As sequências em que a mulher está no centro de uma conversa, de uma situação ou de um caso, tanto nos contos como nos romances, especialmente nos lapidares *Porque Lulu Bergantim não atravessou o Rubicon* e *O coronel e o lobisomem*, não excetuando *Olha para o céu, Frederico!*, oscilam entre o cômico e o erótico. O erotismo é, não raro, cômico, e a comicidade está quase sempre às voltas com o erotismo, especialmente em situações que envolvem traição, tanto dos homens como por parte das mulheres descritas por JCC, que não são nada firmes em assuntos de fidelidade.

A leitura das histórias curtas reunidas em *Porque Lulu Bergantim não atravessou o Rubicon*, por exemplo, fornece uma galeria de tipos femininos memorável. Há vários perfis de viúvas, algumas juramentadas, outras nem tanto, umas enricadas ou de "longo curso", como dona Hermengarda, por cujos cuidados transitaram três maridos; há ainda aquelas desejosas de enviuvar, como dona Eucalística Pestana, que "resolveu ficar viúva por conta própria, pelo que deliberou encaminhar o marido, Santinho Pestana, para os confins de uma feijoada" (*Bifes à milanesa com farinha de caco de vidro*", p. 256), sem falar nas viúvas que se diziam mulheres direitas, mas que escondiam seus amantes dentro de guarda-vestidos.

Nos redutos mais remotos das cidadezinhas do interior, de nomes tão improváveis quanto a virgindade das donzelas, encontram-se as mulheres de *Porque Lulu Bergantim não atravessou o Rubicon*, que recebem um tratamento à altura de suas "posses" (leia-se: atributos físicos). São descritas com louvor ou de forma impiedosa, dependendo das curvas que tenham na medida certa ou das gordurinhas que tenham sobrando sem formosura. Estão lá mulheres robustas, como Orondina Pimenta, enorme, "vazando gordura pelas presilhas", ao lado de um marido encardido; dona Expedita, em cima de 100 quilos, "um completo e acabado mafuá", mas também outras merecedoras de júbilo, como dona Juributina de Sousa, que jorrava pelos desvãos, dentro do melhor vestido, "o melhor extrato"; a viúva dona Helenice de Morais, que tinha um par de montepios de tremer por baixo da roupa.

Em *Olha para o céu, Frederico!*, presença ilustre é dona Lúcia, esposa de Frederico, por quem Eduardo, o narrador-sobrinho, cai de amores e paixão. Quando a moça chega ao cenário de São Martinho, com seus 20 aninhos, Eduardo ainda era um menino triste, mas que logo cresceria até o dia em que dona Lúcia e ele passaram a se entender nos assuntos de travesseiros. Eis o trecho em que ambos se encontram, lampião apagado, em segredos de quarto, pela primeira vez:

> [...] Eu tremia em formato de moça de primeira vez. Parecia uma coisa mole, sem força. [....] A cama era larga — senti que caía nos braços dos lençóis. Palavras de dona Lúcia no meu ouvido. Sua boca sugava a minha. Morcegos. Pensei em morcegos. De repente, dona Lúcia saiu de dentro do vestido, sem nada por cima. E na frente dela, pulando do branco do busto, duas belezas redondas vieram cair nas minhas mãos. [...] Minha vontade inchou. Espetei dona Lúcia (p. 56).

Em *O coronel e o lobisomem*, o erotismo está na essência mais pura e primitiva de seu protagonista, que tem verdadeira obsessão pelas saias: "O trabalho que Ponciano mais apreciava era o andar na poeira de um bom rabo de saia, serviço que ainda hoje é de minha especial inclinação" (p. 16-17). Criado no Sobradinho, o reinado "bem aparelhado de negras e mulatas", nas liberdades da roça, ele se exprime no tom dos camponeses desinibidos, temperando a rudeza com a malícia da cidade.

Faz-se aqui um (anti)paralelo com o herói de Cervantes. O coronel, bem diferente do Cavaleiro da Triste Figura, não transformaria jamais em donzelas e castelãs as raparigas que encontra, como acontece em *Dom Quixote*. "Não se purifica, nem quer fazê-lo, como o outro, por meio da idealização nos olhos imateriais de Dulcineia. Ponciano mergulha fundo na carne, desmancha-se na efusão sexual a que foi estranho o Quixote", como analisa Guilhermo César (*Correio do Povo*, Porto Alegre, 1971).

No erótico, o coronel Ponciano desabrocha. Há um grande desfile de mulheres, desde as prendadas e de "esmerada guarnição traseira", como a moça-donzela Branca dos Anjos, a jovem das tranças, o primeiro amor, logo no início do romance, passando pelas mulatas da fazenda, limpas e de beiços de travesseiro, até as sem-vergonhices das casas repletas de moças desencaminhadas e dos Moulin Rouge, até chegar a dona Esmeraldina, a paixão mais arrebatadora.

Ainda há aquelas que não despertam interesse algum no coronel pelas suas desqualificadas repartições, como uma tal prima que, pela magrelice, parecia "um bambu vestido, uma tábua de passar". As mulheres das vizinhanças também são alvo do olhar certeiro do coronel, mesmo que fossem casadas, a exemplo de uma certa dona Mercedes — "moça de largas prendas, pouco capinada pela mão do marido, que só guardava carinho para o ponto de aguardente".

Para assuntos de casamento, entretanto, há que se dizer, Ponciano era um romântico: queria, no fundo, "uma donzela de primeira mão". Naturalmente, moça que também se adaptasse às seguintes exigências do coronel: "Queria moça de bacia larga, onde eu metesse raiz de sujeito respeitoso, com criação de muitos meninos."

O interessante é que a forma como o coronel se expressa em relação às mulheres varia de um lirismo apaixonado (bem à moda ponciana, é verdade) à mais pura rudeza com que trata, sem nenhum encanto, essas mesmas mulheres quando se vê em situação de perda ou de humilhação, como no caso em que leva um passa-fora, por carta, de dona Isabel Pimenta, moça de fino trato, a quem pedira em casamento, mas que, "entre desculpas e desculpinhas, repeliu as intenções do coronel". Logo ele, o brucutu, "militão severo", que tinha "trocado a aromagem da pólvora por água de cheiro"...

Os primeiros diálogos entre Isabel Pimenta e o coronel são hilários. Ponciano bem que tenta, mas não consegue atingir o ponto certo de *finesse* de que precisava para se aproximar do coração da jovem. Eis um trecho:

> Nos rodados do vestido da menina Isabel meu atrevimento encolhia. A boca do coronel, dona de tanta fala, nessas especiais circunstâncias, perdia os venenos. Lá uma vez ou outra, mesmo assim em feitio medroso, saía uma inquirição desavergonhada:
> — Vossa Mercê já foi mordida de cobra? (p. 95).

Bastou dona Isabel recusar o pedido de Ponciano para todo o veneno voltar a circular no sangue brabo do coronel:

> — Cachorra!
> Fazer um homem de barba, forrado de respeito, esperar uma enfiada de dias para no finalmente apresentar decisão afrontosa. Não, ofensa de tamanho agravo não podia ficar na prateleira, sem resposta viperina (p. 105).

Após o episódio, o coronel foi apanhado de tremedeira, febrão, "maleita da pior". E passou a ter delírios, vendo sapos de canela cabeluda "em farreagem com lacraias e minhocões comedores de barro".

Até o dia em que ele conheceu a mulher mais importante de sua história: dona Esmeraldina, "cintura de louva-deus", com "vistosas almofadas", que era esposa do advogado Pernambuco Nogueira. Do narrador, ela merece uma refinada descrição:

> [...] só o par de covinhas do rosto dela era nascença de muita graça. Desde a entrada, o riso de dona Esmeraldina clareou a sala [...]. Era como se fosse pessoa do meu conhecer antigo (p. 212).

Ponciano apaixona-se perdidamente por dona Esmeraldina — "Parecia uma princesona das carochinhas, muito branca, cabelo em formato de labareda" (p. 145).

O poderoso coronel, do alto de seus dois metros de altura, "mulherista" confesso, como se autodefine, vira "boi de presépio" diante dos desejos de dona Esmeraldina. Ainda que cheio de encantos, enebriado pelas águas de cheiro, eis que Ponciano guarda, em relação às mulheres de suas graças, o mesmo linguajar com que lida com os negócios do pasto: "A mulher de Nogueira era peça domada" (p. 252).

Grande suspense envolve não só as histórias que recheiam o romance inacabado, *Rei Baltazar*, como, claro, as mulheres que encantam a trama. De início, sabe-se que uma delas é a mais forte e poderosa do livro, terrível e ambiciosa: é a viúva Francisca Navarro, a Chica, que acompanha todo o processo da narrativa, mas muda de nome e de descrição física em vários momentos e também pode ser chamada, em determinado trecho, de Mariana.

Segundo depoimento da filha de José Cândido, Laura, responsável pelos originais, essas variações devem decorrer do fato de que, como o romance ainda estava em fase de acabamento, o autor não tinha optado por uma descrição definitiva de sua personagem. Cor de canela e cabelos de fogo são algumas das qualificações que se repetem e que provavelmente são aquelas com as quais José Cândido preferiu desenhar sua protagonista. Que era, aliás, bem parruda, gordota, como muitas das mulheres que se espalham na ficção do autor.

N n

Niterói

> Eu moro em Niterói porque acho a cidade muito cordial, ampla e bem-traçada.
>
> (*O Globo*)

José Cândido de Carvalho não conseguia viver nem trabalhar em qualquer lugar, em locais de que não gostasse. Ele morou em Santa Teresa até 1955. Mudou-se, depois disso, com a família para Icaraí, Niterói, onde residiu primeiro em uma grande casa de esquina, com piso de madeira que rangia e que fazia o autor chamar as almas do outro mundo que porventura estivessem por ali — "Se tem fantasma, que apareça!".

Em 1964, ano de publicação de *O coronel e o lobisomem*, separou-se da esposa, Edê, mãe de seus filhos. Nunca se separou oficialmente e sempre manteve com a ex-esposa uma relação amigável. Em seguida à separação, José Cândido mudou-se para a "chácara", assim ele chamava a casa ampla, onde viveu com Amelia Pamplona Bezerra de Menezes até o seu falecimento. Era um espaço de 160 metros quadrados, no bairro Fonseca, repleto de passarinhos, cães pastores, flores raras e pés de sapoti. Importante lembrar ainda que JCC escreveu sua coluna diária de contados e sucedidos para *O Fluminense*, até o final da vida. Isso principalmente devido aos laços de amizade com o diretor Alberto Torres, que muito ajudou o autor quando ele lutava contra as fragilidades físicas de seu estado de saúde, já nos anos 1980.

A vida de José Cândido está pontuada por três eixos dos quais jamais se afastou totalmente, mantendo-se sempre em uma espécie de encruzilhada estratégica: a região de Campos dos Goytacazes, onde nasceu e onde surgiu também toda a inspiração para a sua obra; o Rio de Janeiro, onde fez carreira, amigos ilustres, e se tornou imortal, e Niterói, onde morou próximo à natureza, levando uma vida calma, rodeado de cachorros (entre eles, um de seus favoritos, o pastor de nome nobre que ele simplificou para "Puck") e de boa conversa. Tranquilo, sem pressa ou pressão, do jeito que gostava de viver.

Afora essas três cidades, pouco ou quase nada se ouviu José Cândido se referir a algum lugar com afeto, além da terra de seus pais, Trás-os-Montes, que era sempre lembrada. Quanto a Niterói, especificamente, dizia tratar-se de seu "subideal". Embora seu coração estivesse primeiro ancorado em Campos, apesar de o progresso da cidade não lhe agradar, Niterói substituiu, em parte, seu grande amor geográfico. JCC dizia que por cima das bem-engenhadas linhas de Niterói estava o niteroiense, uma criatura especial, "feita pessoalmente por Deus e não pelos anjos construtores de gente" (arquivos da ABL).

Ser niteroiense não é para qualquer um: requer talento, jogo de cintura, malícia, desprendimento, bom humor e astúcia, dizia o autor. Além disso, havia a facilidade de locomoção, já que o cemitério fica perto do cartório, o cartório fica perto da farmácia, a farmácia fica perto da secretaria. "Não é como o Rio, uma cidade inviável, ingovernável. Tudo no Rio é difícil; você vai pagar um imposto, tem fila. Há fila até para tomar injeção na veia" (*O Globo*).

Com o humor de sempre, uma vez confessou, em um discurso que proferiu quando assumiu a presidência da FAC (Fundação das Atividades Culturais), no Salão Nobre do Palácio Arariboia:

> Em verdade vos digo que nada me espanta no niteroiense. Se, por exemplo, for noticiado que um filho de Tribobó ou de Icaraí foi eleito presidente dos Estados Unidos ou proclamado imperador do Japão eu apenas pergunto: A que horas é a posse?
>
> (arquivos da ABL)

Vários motivos fizeram com que José Cândido de Carvalho gostasse tanto de Niterói, principalmente dos atributos físicos da cidade. Um deles é a presença de esquinas. Certa ocasião, lá pelos idos dos anos 1970, o ministro Ney Braga convidou o autor para fazer parte de uma comissão no Ministério da Educação e Cultura em Brasília. José Cândido agradeceu, honrado. Mas recusou com base em um argumento imbatível: "Brasília, ministro, não tem esquinas. Não sei viver em cidades sem cotovelo" (arquivos da ABL).

Para José Cândido, Niterói era profundamente acolhedora, além de bem-modulada e funcional. Até as linhas, segundo ele, eram bem-traçadas, amáveis e jamais cansativas. A terra era boa para tudo:

> De fato, plantando em Niterói, como na terra dadivosa e boa da carta de Pero Vaz de Caminha, tudo dá. É um milagre de chão, uma inventoria de Deus em manhã de obra-prima. Suas primeiras casas, no alto do São Lourenço, foram feitas por anjos construtores. Cem pedras de nuvens e cimento de luar... É por isso que moro em Niterói.
>
> (arquivos da ABL)

Na cidade, existe a Sala José Cândido de Carvalho. Criada em 23 de maio de 1988, localizada no térreo da sede da Secretaria Municipal de Cultura/Fundação de Arte de Niterói, é um espaço destinado ao lançamento de novos artistas plásticos.

O o

Ouvidor

Certa ocasião, para tratar de assuntos do tabelionato, veio ao Rio de Janeiro. E voltou para Santo Aleixo do Tinguá dizendo horrores da rua do Ouvidor:

— É um ninho de perdição. Moças com vestidos de palmo e meio abaixo do joelho. Todo mundo de tornozelo ao vento. Tem mulher até que fuma charuto.

("Nabucodonosor com as molas partidas", em *Um ninho de mafagafes cheio de mafagafinhos*, p. 131)

Quando JCC veio para o Rio, a convite de Magalhães Júnior, no final dos anos 1930, foi morar com um casal de tios portugueses, em Santa Teresa. Ainda não era casado e precisava de um lugar para se instalar e começar a batalhar na cidade grande. Era uma família de posses e não tinha filhos. A tia se chamava Maria Cândida Sucena. A comida era boa, mesa portuguesa farta e bem-feita. Para lá, José Cândido levou muitos de seus livros, e grande parte das obras permaneceu por ali. Depois de casado, quando Edeacila chegou, foram juntos morar também em Santa Teresa, em uma casa perto da dos tios que o acolheram.

E onde entra nessa história a famosa rua do Ouvidor? Acontece que o tal casal de ricos tios portugueses, que costumavam frequentar o Real Gabinete Português de Leitura, tinha uma charutaria e tabacaria na rua, chamada Charutaria Pará. Era uma casa muito chique, que virou o "passadio" preferido de José Cândido, como ele mesmo gostava de dizer, em seus primeiros momentos no Rio.

Circulava diariamente pela charutaria, que não poderia ter um endereço mais estratégico para quem estava querendo se firmar como jornalista e se tornar escritor. Era ali, como se sabe, um dos *points* literários e culturais mais badalados da cidade. José Cândido tornou-se amigo dos empregados (todos portugueses) da loja, tomava seu cafezinho religiosamente e fez do local um ponto estratégico, onde deixava e pegava correspondências e encomendas.

O hábito, aliás, era comum na época. Era costume as pessoas transformarem pontos centrais em suas segundas residências para facilitar a comunicação e os contatos, especialmente quando moravam em bairros mais distantes. E Santa Teresa, sendo um bairro mais recuado e de difícil acesso, ficava longe do burburinho e dos encontros que ocorriam no centro da cidade. Durante muito tempo, por exemplo, Rachel de Queiroz, quando se mudou de Fortaleza para o Rio, usou o histórico endereço da rua do Ouvidor, 110 (Livraria José Olympio) como seu endereço pessoal. Era para lá que sua família mandava queijo, doces e outros mimos que amenizavam a saudade de sua terra.

Em 1934, quando a Livraria José Olympio Editora foi inaugurada, na rua do Ouvidor, José Cândido ainda estava em Campos e não concluíra o curso de Direito. À roda de escritores amigos que se formou em torno da editora, como a própria Rachel e também Dinah Silveira de Queiroz, igualmente um de seus afetos, além de José Lins do Rego, ele foi se juntar bem depois, e a partir do momento em que seus livros passaram a fazer parte do catálogo da JO, estreitando, assim, os laços de amizade com o editor José Olympio. José Cândido chegou a participar dos almoços oferecidos quando a editora se mudou para a rua Marquês de Olinda, 12, em Botafogo, ao lado de escritores que igualmente se juntaram mais tarde ao grupo, entre eles Thiago de Mello, Ariano Suassuna e Mário Palmério.

Como explica Lucila Soares, em seu estudo sobre a rua do Ouvidor, a livraria e a editora eram planos inseparáveis, daí o fato de José Olympio ter criado uma entidade chamada a "Casa", à qual se referia na terceira pessoa do singular. A Casa tinha personalidade própria e "era tão viva que José Cândido de Carvalho dizia ter vontade de providenciar-lhe uma carteira de identidade" (*Rua do Ouvidor, 110: uma história da Livraria José Olympio*, p. 16).

P p

Ponciano

> É uma inventoria de minha lavra, uma pessoinha saída do meu pensar e do meu escrever. Mas com raízes no chão campista. Com certos orgulhos e certas rompâncias muito do meu povo.
>
> (entrevista à revista *Manchete*)

Em uma de suas viagens de trem, no trajeto de Campos para Santo Amaro, quando era bem jovem e ainda não tinha se tornado escritor, José Cândido de Carvalho viu um sujeito entrar com um passarinho dentro de uma gaiola. Chamou-lhe a atenção o carinho do senhor por aquele bichinho. Era um afeto que beirava a extravagância: comprara uma passagem a mais, para que a gaiola fosse acomodada confortavelmente no assento ao lado. Passando a palavra ao dono e criador de Ponciano, vejam como fica "coronelizada" a cena descrita acima:

> Transitava minha pessoinha, nesses verdes tempos, por terras de Santo Amaro quando, uma tarde, no trem, vi aquele sujeito vermelhão e barbadão que mostrava uma passagem comprada para seu

passarinho, um pobre bico-de-lacre qualquer. Era aos berros que o sujeitão dizia: "Ninguém bota o rabo neste banco! Comprei trafegação para o bico-de-lacre que é bichinho de minha especial estima e consideração." O tempo passou, cresci, entrei para o serviço de escurecer laudas de papel. Em um dia, sem mesmo querer, estava escrevendo sobre o velho bico-de-lacre do barbaça que ficou em minha meninagem.

(entrevista à *Revista do Livro*)

Um relance é sempre carregado de informações. Como escreveu Clarice Lispector em um de seus contos mais famosos, "Feliz aniversário", "a verdade é um relance". E foi nessa visão repentina, nesse brevíssimo relance, que José Cândido se inspirou, em parte, para criar a "verdade" de seu maior personagem, o protagonista de *O coronel e o lobisomem*.

Curioso imaginar como o então jovem José Cândido, que lá pelos anos 1930 ainda não sabia que rumo profissional iria tomar na vida, já que fazia biscates, e o Direito (a faculdade na qual se formou em 1937) nunca fora uma vocação, estava intuitivamente juntando os pedaços do que seria o esboço da obra-prima que o levou à Academia Brasileira de Letras. Ainda que a complexidade de Ponciano tenha sido um trabalho de montagem de inúmeros "relances" que José Cândido encontrou pela vida.

José Cândido de Carvalho não conheceu *um* coronel, mas vários. Cada um deles deixou sua marca no baú de imagens que o autor carregava. Sua imaginação voava ao redor dos hábitos, conversas, crendices e tipos populares da terra natal. O autor também gostava de inventar a origem de suas histórias. Para confundir ou divertir os leitores, chegou a dizer que a fala do coronel Ponciano tinha sido inspirada em um colega de faculdade que lhe dera o "tom" ou o "molho", como dizia, do livro. O tal colega foi Haroldo Pedreira, que tinha o gosto de falar difícil. O personagem palavroso e agigantado acabou ganhando tanta fama que virou até nome de rua em Campos.

A patente de Ponciano é deixada pelo avô no pacote da herança. A obra revela o momento de decadência desses coronéis — a figura hiperbólica de Ponciano, exagerado tanto na forma física quanto na linguagem que utiliza, parece compensar a falência, como se verá em seus momentos finais, do esquema elitista que representava. Antes de morrer, o personagem perde sua fortuna e poder, enlouquece, delira e morre.

Por ser um relato contado em perspectiva, na primeira pessoa, e, portanto, de cunho memorialístico, vê-se que o coronel escolhe os episódios de sua vida que quer contar; fala de um ponto de vista vitorioso para garantir seu perfil heroico, mesmo quando a loucura e a derrota financeira batem à porta. O romance é estruturado em 13 longos capítulos (lembrando que o número 13 é conta de azar, segundo a crendice popular), com as ações se encadeando de forma linear.

O coronel é uma mistura de vários outros personagens famosos da literatura universal, de Macunaíma ao Barão de Münchausen, passando pelo Quixote. Viveu no fim do século XIX, embora não haja no romance uma especificação temporal exata. Nascido em Sossego, onde havia "algazarra de lobisomem", logo se transfere para o Sobradinho, em Campos dos Goytacazes. Charuto eternamente na boca, barba ruiva, dois metros de altura, é quase um gigante. Fortão, voz grossa, generoso, poético e rude ao mesmo tempo, imaginação delirante, obcecado por um belo rabo de saia, embora nunca tenha encontrado a felicidade amorosa.

Herdeiro da propriedade do avô, Simeão, o coronel é capaz de combater animais perigosos (como onças-pintadas e ururaus) e lobisomens. Tendo estudado em colégio de padres (tem nome de papa!), é conhecedor dos foros, capaz de colocar no chinelo muito doutor de anel no dedo. Conquistador, valente, posteriormente especulador no comércio de açúcar, quando sai do campo e vai para a cidade, Ponciano inicialmente prospera nos negócios no meio urbano, mas esbanja e desperdiça dinheiro. Não teme as leis do mundo "real" que existem a sua revelia.

Assim, ele acaba sendo nocauteado pela vida. Homem poderoso no início da história, ele perde tudo à medida que avança o romance — não só o dinheiro lhe some das mãos como também o poderio na região de Campos dos Goytacazes e até mesmo a razão, já que o herói chega à beira da loucura. Vê-se então forçado a vender o Sobradinho, sua fazenda em Mata-Cavalos, para quitar dívidas bancárias. Ao final do romance, está perdido, sem dinheiro e sem fazenda.

A paixão por Esmeraldina, mulher casada com o dr. Pernambuco Nogueira, também não traz ao coronel realizações concretas. O herói em questão é quixotescamente um sujeito cheio de fragilidades em sua tão decantada fortaleza. Ponciano é ainda uma figura mitológica e se relaciona mitologicamente com o mundo. Segundo a crítica literária Nelly Novaes Coelho:

> Coronel Ponciano não é, pois, um farsante; é um homem cheio das muito naturais fragilidades humanas, mas que acima de tudo acredita em si mesmo; em sua força; em seu poder, tal como D. Quixote acreditava na alta estirpe de seu Rocinante; na fidalguia de sua Dulcineia; na nobreza de seu elmo e armadura e em sua missão cavaleiresca de defender os fracos e espalhar a justiça na terra. E é devido à crença ingênua que Ponciano revela ter em sua própria grandeza, e em seu papel dentro daquele pequeno mundo, que o vemos como o D. Quixote de nossa ficção.
>
> (*Estudo crítico para uso dos professores...*, p. 11)

O relato de Ponciano é também feito por ele já falecido, embora o leitor só tome consciência da estratégia no final da história. Durante toda a vida, o coronel vive aventuras estapafúrdias, que incluem os assuntos de travesseiros com senhoras casadas, desencantamentos de assombrações de toda a sorte, um flerte com uma sereia, a amizade de um galinho de briga, o Vermelhinho, e a luta contra o lobisomem, um dos capítulos memoráveis da literatura brasileira.

A trama se desenvolve em torno de elementos emprestados do sobrenatural, do fantástico, do absurdo, do místico e do misterioso — essa mistura de ingredientes aproxima a obra do trabalho dos mestres da literatura latino-americana, como Gabriel García Márquez e Vargas Llosa. Contudo, a grande força do romance de José Cândido de Carvalho está na sua construção linguística acima de qualquer outra coisa.

O texto é uma construção meticulosa que concilia a linguagem do personagem com o mundo a seu redor — as palavras ganham sufixos e prefixos inesperados, surpreendendo o leitor que precisa ficar atento ao jogo de inteligência que tem nas mãos, como se viu anteriormente. Como escreveu a romancista Rachel de Queiroz, em 1970 (texto reproduzido na orelha da 53ª edição da obra), *O coronel e o lobisomem* deu vida nova ao velho regionalismo, mostrando que é possível inovar um assunto que se julgava esgotado. Isso principalmente em função do manejo de José Cândido com os vocábulos:

> [O autor] Vira e revira a língua, arrevesa as palavras, bota-lhes rabo e chifre de sufixos e prefixos, todos funcionando para uma complementação especial de sentido, sendo, porém, que nenhum provém de fonte erudita, ou não falada: nenhum é pedante ou difícil, tudo correntio, tudo gostoso, nascido de parto natural, diferente só para maior boniteza ou acuidade específica.

A história é contada segundo a perspectiva do protagonista na opulência de sua valentia, vaidade, ambiguidade e autoestima. Tudo isso temperado com tanto humor que ninguém consegue ter raiva da figura, ainda quando se pensa no tamanho de sua rudeza. Ao final da aventura, tem-se a impressão de que o coronel Ponciano está sentado ao nosso lado, tamanhos os laços de intimidade e afeição que o autor estabelece entre sua criatura e o leitor. O desfecho da obra vale aqui uma observação à parte. O lirismo é o tom forte que faz com que o personagem ganhe um estofo ainda mais humano e leva os leitores a comprar, definitivamente, a sua causa. Como analisa Paulo Betencur, em uma resenha para o jornal *O Rascunho*, em fevereiro de 2009:

> O desfecho de *O coronel e o lobisomem* não lembra o humor de grande parte da obra. É mais trágico que cômico. Mas a mulinha como cavalgadura, o exército de um homem só e o adversário constituído por uma entidade mítica emolduram a convergência de três forças poderosas da literatura de

> José Cândido de Carvalho, parte da qual se pode encontrar em trechos de seus outros livros: a febril imaginação narrativa, a liberdade da linguagem, sua musicalidade e riqueza léxica, e o olhar bem brasileiro, a caminho da modernidade e se debatendo contra ela.

Não foi fácil o trajeto percorrido pelos originais de *O coronel e o lobisomem* até chegar ao *status* de romance premiado. Foi meticulosa a produção e bastante lento o processo de publicação do livro. Na sessão solene do dia 1º de outubro de 1974, o acadêmico Herberto Sales relembra, em um texto comovente, como um livro de crônicas, que seria impresso nas oficinas de *O Cruzeiro*, acabou virando obra-prima, depois que as primeiras histórias dormiram na gaveta um longo sono de mais de um ano, pois a gráfica estava com sobrecarga de trabalho.

Herberto Sales, então diretor da editora que Freddy Chateaubriand e Accioly Neto fundaram naquele grande empório de revistas, relembra a tarde em que JCC entrou em sua sala para pedir de volta os originais das crônicas. Dizia que havia resolvido transformá-los em um romance, mantendo o título de um dos textos, *O coronel e o lobisomem*.

> Devolvidos os originais, retornastes à vossa sala, onde, a partir daquele dia, ou daquela semana, montastes vosso esquema de trabalho, em regime de clandestinidade literária, graças ao qual íeis escrevendo vosso romance na própria redação da

> revista. Pela manhã, trazíeis de casa uns rabiscados pedaços de papel, que aos poucos ganhavam forma e ordem nas laudas que saíam de vossa máquina, e que depois enchíeis de emendas, para repassá-las afinal a um valente datilógrafo, encarregado de rebatê-las tantas vezes quanto se fizesse necessário, pois não raro refazíeis as páginas já rebatidas, numa penosa tarefa em que entravam tesoura e cola, para abrigar os acréscimos que nelas introduzíeis. [...]
>
> Um fato bem curioso é que, sendo vosso amigo fraterno e vosso editor, nunca me destes a conhecer uma linha sequer do vosso romance, durante a gestação dele. De resto, e isto me consola, não concedestes esse privilégio a ninguém — salvo, é claro, a Milton Reis, o valente datilógrafo.
>
> (*Discursos na Academia*, p. 37)

José Cândido tentou buscar em outras editoras a possibilidade de publicação rápida do romance, mas não teve sucesso. Resolveu, então, voltar à ideia original de publicar a obra nas oficinas mesmo de *O Cruzeiro*, ainda que o sistema de distribuição não fosse eficiente. Herberto Sales prossegue contando de seu encantamento ao ler o romance que tinha em mãos:

> Mal iniciei a leitura, fui dominado pela impressão, que a cada passo se confirmava, de que tínheis escrito um grande romance. [...] Sim: uma obra-prima. Foi com a convicta, inabalável certeza de que havíeis escrito uma obra-prima que cheguei

> à última linha de *O coronel e o lobisomem*. [...] Não fora a demora da *Cruzeiro* em lançar vosso livro de crônicas intitulado *O coronel e o lobisomem*, cujos originais haviam dormido em minha gaveta o longo sono de mais de um ano, não teríeis escrito vosso genial romance homônimo. Em vez dele, haveríamos de ver hoje por aí, talvez encalhado nas livrarias, apenas um volume de circunstanciais "historinhas".
>
> (*Discursos na Academia*, p. 38)

O coronel e o lobisomem foi lançado em 1964, com uma tiragem de três mil exemplares, que logo se esgotou. A melhor crítica da época confirmou o que o amigo de JCC antes já falara: o romance era, de fato, uma obra-prima. A segunda edição, de 10 mil exemplares, chamou a atenção dos editores. Ponciano projetou seu criador como escritor: José Cândido ganhou prêmios, entrou para a Academia Brasileira de Letras e virou figura famosa. A obra, traduzida para alguns países europeus, foi para o cinema e para a televisão. Ganhou os prêmios Jabuti, da Câmara Brasileira do Livro, Coelho Neto, da ABL, e o Luísa Cláudio de Sousa, do PEN Clube do Brasil.

A carreira bem-sucedida do romance teve início em um momento delicado da história nacional, quando o país se fechava ao poder do golpe militar. Curioso é que, ao contrário da sisudez que o cenário inspirava, Ponciano não tinha nada a ver com os coronéis e as autoridades reais, e o clima de atrevimento e galhardia de toda a história bem poderia soar como crítica saborosa e debochada aos altos comandos dos tempos ditatoriais.

A riqueza do universo construído por José Cândido em sua obra-prima chegou às telas de cinema em 1978, no filme que teve a direção de Alcino Diniz, com o ator Maurício do Vale vivendo um irascível Ponciano, além de Jofre Soares e Louise Cardoso no elenco. O filme, escolhido para representar o Brasil no Festival de Cannes, foi rodado em Campos, Vassouras e Três Rios.

O autor gostou da adaptação cinematográfica feita por Diniz, que conseguiu, segundo JCC, executar bem as histórias do autor — tarefa árdua, especialmente quando se pensa no romance como um livro "incinematografável", segundo descrição do cineasta Nelson Pereira dos Santos (entrevista ao *Jornal do Brasil*). José Cândido dizia que cinema e literatura se enriquecem mutuamente e que, na maioria das vezes, a técnica do cinema dá à obra literária um impacto tremendo. Para isso, a liberdade de criação do artista é essencial. Afinal de contas, o diretor está fazendo um outro trabalho e deve ter o direito de exercer a liberdade de criação.

Em 1994, foi a vez da tevê. A Terça-Nobre — Brasil Especial, da Rede Globo, colocou no ar uma adaptação do livro feita por Guel Arraes, Jorge Furtado e João Falcão, com gravação em 16mm. O ator Marco Nanini faz o personagem principal, o coronel Ponciano, apaixonado por Esmeraldina, vivida pela atriz Patrícia Pillar. Ela é noiva de Pernambuco Nogueira, interpretado por Paulo Betti. Já o avô de Ponciano é representado pelo ator Castro Gonzaga. No final da adaptação, Esmeraldina vira sereia e atrai o coronel para o mar. Um dos cenários ao ar livre da produção foi a praia de Grumari.

Em 2005, outra versão cinematográfica de *O coronel e o lobisomem* surgiu nas grandes telas. O filme marcou a estreia de Maurício Farias na direção e teve no elenco Diogo Vilela, como Ponciano, e Ana Paula Arósio, como a prima Esmeraldina. A produção foi de Paula Lavigne, com roteiro de João Falcão e Jorge Furtado.

Q q

Quiçamã do Limão

> [...] Uma vida bonita de dez anos ia ficar para trás, enterrada em Quiçamã do Limão.
>
> (*Olha para o céu, Frederico!*, p. 19)

A frase acima, retirada do primeiro parágrafo do romance de estreia de José Cândido de Carvalho, traz uma rede de significações preciosas para se entender os caminhos da imaginação e de criação do autor. Como já falei a respeito desse primeiro romance, a história conta as aventuras de Eduardo, que, ainda menino, foi obrigado a trocar "os cuidados de algodão da tia Nica em Quiçamã do Limão" (assim, com "ç", segundo a grafia do romance) pelos "olhos duros do tio Frederico, no São Martinho". Tem-se a impressão de que o menino caminhava para uma espécie de exílio, de desterro — o paraíso perdido ficara em Quiçamã; o exílio, ou seja, a fazenda do tal tio, seria a terra para onde, a contragosto, fora obrigado a se mudar.

Curioso observar aqui a referência ao espaço geográfico como sendo o lugar de encontro ou isolamento; a obra de José Cândido de Carvalho está cheia de referências ao espaço — os personagens só vivem bem quando devidamente ancorados em seus ambientes de origem. Quando se deslocam, perdem-se ou se desencontram de si mesmos. Haja vista o próprio coronel Ponciano, que, quando sai do Sobradinho e vai se aventurar na cidade, inicia sua derrota fatal.

José Cândido de Carvalho quase nasceu fora do Brasil. Seus pais eram europeus, portugueses acostumados à vida das aldeias. Pode-se imaginar que não tenha sido fácil, principalmente no início, a luta pela sobrevivência em um país tão grande, tão miscigenado, mesmo que tenham tido parentes por aqui. E ainda o fato de virem de outra cultura, de terem um sotaque marcante, enfim, de terem em si mesmos demarcada toda uma caracterização de estrangeirismo. Com certeza, todas essas contingências impregnaram a mente do pequeno José, que já chamava a atenção no colégio por sua maneira especial de redigir, já que o português clássico em que escrevia as composições (imitado do falar dos pais, "estrangeirado") era bem diferente daquele utilizado pelos colegas.

Navegantes e exilados, de certa forma, os pais de JCC traziam na bagagem o sentimento de pertencerem a uma terra distante; haver sentido um discreto sentimento de nostalgia, mesmo estando a família feliz em Campos, terra de apoio e acolhida, não é tão improvável assim. Não se fala em exílio aqui no sentido político que a palavra guarda — Campos jamais fora um exílio, muito pelo contrário. Uso o termo meramente em relação a uma questão espacial: o exílio como o *espaço outro* para onde, motivados pela necessidade, os pais de José Cândido tiveram de imigrar.

Interessante como a biografia de um autor pode ajudar a sondar os caminhos de seu imaginário. Não que a vida irá explicar a obra, mas sim orientar as escolhas por elementos que se repetem quase como uma obsessão — no melhor sentido, pois os grandes autores sempre perseguem suas predileções temáticas. Outro aspecto que acho importante salientar é que a cidade de Campos também funcionou, para José Cândido, como uma espécie de paraíso perdido, uma vez que saiu de lá ainda muito jovem, e, mesmo tendo feito carreira no Rio de Janeiro e depois em Niterói, sua imaginação sempre esteve ligada aos Goytacazes e a seus arredores, como mostrei anteriormente.

Em relação à questão do exílio, ainda que do ponto de vista metafórico, observa-se o aspecto da orfandade que se liga, em parte, ao tema proposto. Se Eduardo, de *Olha para o céu, Frederico!*, era um órfão que fora obrigado a deixar sua terra de origem — o Quiçamã do Limão —, o mesmo acontece com outros dois personagens ilustres: Ponciano, órfão, nasceu em Sossego ("algazarra de lobisomem, pio de coruja, asa de caburé, fora outros atrasos dos ermos") e saiu de lá depois que seu erotismo à flor da pele começou a trazer problemas para a vizinhança: "Meus dias no Sossego findaram quando fui pegado em delito de sem-vergonhismo em campo de pitangueiras" (*O coronel e o lobisomem*, p. 14). Em *Rei Baltazar*, o romance inacabado, a situação da orfandade persiste. O personagem órfão é Diogo Maldonado de Sá, narrador do livro e protagonista.

José Cândido de Carvalho buscou na geografia da realidade a inspiração para a terra perdida de Eduardo. O município de Quissamã (com "ss") fica nos limites entre Campos dos Goytacazes, Carapebus e Conceição de Macabu. O nome Quissamã foi dado à região pelos Sete Capitães, durante uma viagem de exploração em 1632, quando encontraram um grupo de índios e, entre eles, um negro. Os capitães estranharam a presença do negro "em lugares incautos e sem moradores". Ao indagarem quem era ele e como viera parar ali, respondeu-lhes que era da Nação de Quissama, na África. O fato inusitado, pois à época era muito difícil encontrar negros em terras ainda não exploradas pelos portugueses, acabou por denominar o município como Quissamã. Segundo o cônsul de Angola, que visitou a cidade, Quissamã é uma palavra de origem angolana que significa "fruto da terra que está entre o rio e o mar" e dá nome à cidade que fica a 80 quilômetros de Luanda, na foz do rio Kwanza.

No século XIX, havia sete engenhos de açúcar em Quissamã, e com eles surgem os solares dos viscondes e barões do açúcar. Esse século foi o auge da economia local, com a construção do canal Campos-

Macaé — o segundo maior canal do mundo — uma das obras de engenharia mais importantes do Império — e de solares luxuosos, como a Machadinha e a Mandiquera. Nessa época, também era comum a presença de visitantes ilustres, como o imperador Pedro II, o duque de Caxias e o ministro Eusébio de Queirós, deixando Quissamã com um ar de corte (http://www.quissama.rj.gov.br).

É bem provável que José Cândido de Carvalho tenha inventado a Quiçamã do Limão de Eduardo inspirado na Quissamã real — assim como deu asas à imaginação para criar os lugares mais improváveis de sua geografia particular.

R r

Rei Baltazar

> Quando chega o tempo de flor, a pradaria solta todos os seus escondidos. Brota tudo. Até o carrapicho mais despreparado muda de casa. E dos alagados, das águas dormidas, sai coisa do arco da velha. A passarada fica de velas soltas, resmas e resmas de quero-queros de asas soltas. Uma noite, estando na cama, ouvi o pio dos marrecos. Fui olhar o céu, que um luar descamoado polia um sem-fim de asas, todas em formação militar voltam à pradaria. De manhã, no lavar dos olhos, vi aquela grandeza de nunca vista. Deus, durante a noite, tinha tirado o lençol que encobria os pastos para deixar tudo livre, flor por todo canto, pio de pássaro até no forro da casa.
>
> (*Rei Baltazar*)

José Cândido não fazia segredo, anos antes de morrer, quanto ao fato de que estava produzindo um terceiro romance, intitulado *Rei Baltazar*. Não se sabe ao certo, porém, se o livro teve o desfecho que o autor desejava, se estava no ponto de ser editado. Em 1989, ano de sua morte, essa obra ainda não tinha sido declarada oficialmente (como jamais chegou a ser) pronta e acabada. Os originais estão sob a responsabilidade dos filhos, em especial sob a cuidadosa vigilância de Laura, que há anos organiza as páginas do romance — algumas datilografadas, outras manuscritas com a letrinha miúda de José Cândido.

O autor muito alardeou uma suposta "preguiça" de escrever romances, com a qual justificava o fato de que só lançava uma obra maior de 25 em 25 anos, contando a diferença de tempo entre o primeiro, *Olha para o céu, Frederico!*, e *O coronel e o lobisomem*. Mais 25 nessa matemática e *Rei Baltazar* talvez estivesse finalizado. A decantada "preguiça" de escrever, no entanto, estava longe de ser preguiça, como analisei anteriormente. Na verdade, a julgar pelo preciosismo com que o autor produzia cada um de seus romances, é mais razoável acreditar que José Cândido fosse tão exigente com sua pena que precisava de algumas décadas até que suas grandes histórias chegassem ao ponto ótimo. Com *Rei Baltazar* não seria diferente.

Além disso, há outro motivo que, em parte, justifica tanta preocupação. José Cândido não queria, em hipótese nenhuma, repetir-se. Por isso, embora a estrutura do último romance seja semelhante à de sua obra-prima (a estrutura episódica de *Rei Baltazar* segue a mesma linha de *O coronel e o lobisomem*), vale dizer que a sua linguagem é bem diferente. O autor pesquisou intensamente, segundo ele próprio atestou em entrevistas, a linguagem dos escrivães, ampliando seus recursos e construindo toda a narrativa com um linguajar que beira o estilo quinhentista.

A história fala de Diogo Maldonado de Sá, um escrivão do interior que enriquece de repente e passa a viver a euforia da riqueza. Depois, após aventuras mirabolantes, perde tudo e tem de voltar para a sua vidinha de fundo de cartório, "para aqueles alfarrábios infindáveis". Diogo sofre influências de seus parentes — Baltazar e Simão, ambos primos. Há também outros, mas são esses os principais. A técnica é magistral. José Cândido faz com que os vários personagens falem ao mesmo tempo. Os personagens são vários em um só. Agem quase simultaneamente. Um romance complicado, de uma polifonia complexa e perturbadora no melhor sentido.

A técnica de composição polifônica tem como suporte uma teoria hilária defendida por José Cândido de Carvalho. Quase sempre que comentava a respeito do romance, ele gostava de explicar a teoria. Trata-se da "teoria do reumatismo".

Quando uma pessoa tem um reumatismo, o reumatismo não é exatamente dessa pessoa: é de uma avó, uma tia ou um bisavô que já teve o mesmo reumatismo. As coisas são transmitidas pelo sangue. Às vezes, quando se entra numa casa, tem-se a sensação de já haver estado ali. Foi um parente que já esteve naquele lugar. Bem, tudo isso é para dizer que uma pessoa não é apenas uma, mas várias. Somos uma multidão. Cada um de nós, segundo a "teoria do reumatismo", carrega nas costas todo o histórico dos antepassados e, num lapso de segundo, um deles (uma característica de um deles) aparece e transforma para o bem ou para o mal o estado de espírito daquele indivíduo.

O livro é ambientado em Campos dos Goytacazes em uma época em que quase não havia carros. Dirigir a 20 quilômetros era correr. Todos ficavam horrorizados quando um automóvel surgia no cenário. O protagonista de *Rei Baltazar* foi um dos primeiros a chegar motorizado à cidade. E quase atropela um cabrito. O primeiro capítulo chegou a ser publicado na revista *Senhor*, na seção "Ficção". Abaixo, o início do romance:

> Saibam todos quantos estas linhas lerem ou delas tiverem notícia que não sou mais o tabelião juramentado Diogo Maldonado de Sá nem levanto às madrugadas na garupa do cavalo branco do parente Baltazar. Vai para além de ano e meio que meti a ferros, nas masmorras mais emparedadas, sua pessoa, bem como quebrei suas asas e enterrei suas armas. Não cabia em mim, sujeito adubado de dinheiros e bens de raiz, um Maldonado desse porte, capitão de grandes ventos, que até lidou com serpentes do mar salgado e a um ninhão delas desbaratou na quilha de seus navios, coisa tão despropositada e fora de ponderação que dou como não existida de verdade e sim em propalados de onda em onda e de porto em porto. Com o emparedamento do capitão Baltazar Maldonado de Sá, dei por arrematado meu tempo de novidades. Uma

vez ou outra, por ser a noite mais viçosa ou o céu mais estrelado, o parente tenta botar a cabeça para fora. Logo meu punho de chumbo, pesadão de muitas arrobadas, faz o capitão voltar ao chão do seu degredo. Ordeno com voz de ferro:

— Volta, Baltazar. Volta para as águas do mar profundo.

S s

Servidor público

> Nesse meio-tempo [por volta de 1957], entre uma coisa e outra, caí no serviço público, com escrivaninha no Ministério da Indústria e do Comércio, onde procuro tirar o país da beira do abismo a poder de relatórios que ninguém lê.
>
> (*Porque Lulu Bergantim não atravessou o Rubicon*, p. 18)

Um personagem recorrente na obra de José Cândido de Carvalho é a figura do servidor público, constantemente citado, ironizado e ridicularizado. Novamente aqui, quanto a esse aspecto, nota-se que o autor bebeu na realidade para compor os desenhos da ficção (em *O coronel e o lobisomem*, um trabalhador das repartições ganha até *status* de lobisomem; ao final de *Olha para o céu, Frederico!*, Eduardo decide virar funcionário público) e também das crônicas que são igualmente mistura de fatos e imaginação, como em tudo o que o autor escreveu. Isso porque, paralelamente ao jornalismo e à literatura, o serviço público fez parte de um longo período na vida de JCC, que sempre rodeou as repartições públicas, aturando chefes de pincenê, como o próprio gostava de enfatizar.

O autor passou por vários cargos públicos. O primeiro, no final dos anos 1930 — quando já estava morando no Rio, em Santa Teresa —, foi no Departamento Nacional do Café, onde ficou por pouco tempo. Depois veio uma série de gestões, como a direção do Serviço de Radiodifusão Educativa do MEC, a presidência do Conselho Estadual de Cultura do Rio de Janeiro e, por fim, a direção da Fundação Nacional de Arte, a Funarte, como se viu anteriormente.

O autor conhecia, portanto, a fundo a psique de um servidor público. Dizia que o mundo dos funcionários era uma espécie de mil e uma noites encadernado em paletó de alpaca. Foi lá, nesse mundo repleto de criaturas idiossincráticas e, segundo delata em suas histórias, pouco virtuosas que José Cândido encontrou vários personagens de sua obra; era do convívio com essa turma que ele recolhia também os episódios saborosos que gostava de contar em entrevistas. Entre eles, o caso de um certo Gaspar Mendes, que passou a vida combatendo formigas em relatórios e informações. Acabou ganhando o apelido de "Gaspar Tanajura".

José Cândido gostava tanto das histórias curtas que inventava sobre os servidores públicos que, dizia, muitas delas poderiam render bons roteiros cinematográficos. O humor, claro, é o molho da novela diária das repartições. "Uma vez um processo foi indeferido porque o selo estava de cabeça para baixo. [...] Acho que um diretor engenhoso, mais que o escritor, poderia fazer sucesso com essas histórias no cinema" (entrevista ao *Jornal do Brasil*).

Segundo relata a filha do escritor, Laura, quando José Cândido já estava perto de morrer, costumava sentar-se, quieto, em uma cadeira de balanço, e ali ficava horas a fio. Preocupada, ela lhe perguntava se estava bem. Embora com a saúde já debilitada, ele estava era matutando histórias. Não chegava a colocá-las no papel. Um desses casos inventados naquelas tardes ele contou à filha. Era uma história de funcionário público. Um chefe de seção que todos os dias chegava à repartição no mesmo horário. Botava o paletó na cadeira e saía. Enquanto isso, os processos se acumulavam. Um dia, alguém foi procurar por ele. A mesa estava vazia. Só havia o paletó e os sapatos. Os processos engoliram o servidor.

O registro de relatórios infindáveis e da papelada crescente nas mesas dos chefes é muito mais do que apenas humor. Trata-se de uma denúncia sarcástica contra aqueles que buscam benefício pessoal sem pensar no progresso do país. E ainda retrata a ociosidade, a burocracia e os despautérios de todos os quilates que acontecem entre as quatro paredes de uma repartição.

Os exemplos se espalham por toda a obra. Um dos contos de *Porque Lulu Bergantim não atravessou o Rubicon*, "A vírgula não foi feita para humilhar ninguém", conta a história de Borjalino Ferraz, que perdeu o primeiro emprego na prefeitura de Macajuba por coisas de pontuação. Sujeito de brio, cheio de aulas de gramática, ele semeava vírgulas por todos os lados. Foi trabalhar depois como escriturário na Divisão de Rendas de São Miguel do Cupim. O encarregado das Rendas, "funcionário sem vírgulas e sem crases", foi franco:

> — Seu Borjalino, sua competência é demais para repartição tão miúda. O amigo é um homem de instrução. É um dicionário. Quando o contribuinte recebe um ofício de sua lavra cuida de que é ordem de prisão (p. 112).

E por colocar as vírgulas e até citar Nabucodonosor em um dos pequenos ofícios, encontrou logo o olho da rua.

Há uma extensa galeria de servidores (tesoureiros, prefeitos, diretores, secretários, escriturários, delegados) que respiram a monotonia dos despachos, dos relatórios e dos balancetes. Vivem no mundinho de papelada, taxas, malquerenças, fofocas, traições e, *last but not least*, trapaças de toda a sorte. Mas há sempre uma pitada de ingenuidade nas falcatruas que, nem de longe, alcançam o repertório da atualidade.

Alguns deles acabam presos, como é o caso de Anatólio Pereira, que, cansado de carimbar 500 requerimentos por semana, encontrou um jeito mais prático de fazer sua tarefa — mandou ele mesmo fazer um carimbo e passou por conta própria a carimbar papéis. Tinha até a ideia de reconhecer firma a 5 mil-réis por penada...

A maior parte das histórias, reunidas em livros de contos como *Lulu Bergantim* e *Um ninho de mafagafes*, nasceu para a imprensa. Era para os jornais e as revistas que JCC escrevia seus pequenos casos que pareciam um noticiário à parte — jornalismo diferente, inteligente, crítico e debochado.

O tom altamente crítico arranha não apenas os servidores públicos, já ambientados em suas repartições, como também os que passam anos a fio sem fazer nada da vida e ainda aqueles que nem ao menos um cargo inventado no governo aceitam, porque do que mais gostam mesmo é de viver na calmaria eterna da rotina sem pressa nenhuma. Um exemplo? JCC precisou apenas de alguns poucos parágrafos para contar a história de Quirino Feital, "um preguiçoso de raiz", que nasceu para figurar na folha dos inativos, no conto intitulado "Gato com asma não mia". Quando o primo Artaxerxes resolveu arrumar-lhe "um galho no governo" por intermédio de um senador Zacarias, pois uma carta dele é ordem, eis que Quirino lança mão do expediente infalível do qual sempre se beneficia quando há uma ameaça de emprego no ar: inventa uma asma e se atira na cama.

T t

Tempo

> Enquanto a gente puder sonhar é sinal de que não acabou. Que a velhice é uma mentira dos espelhos.
>
> (entrevista à revista *Veja*)

> Eu adoro perder tempo. Tenho horror a pessoas dinâmicas.
>
> (*O Globo*)

José Cândido de Carvalho não gostava do ritmo frenético dos tempos modernos. Tinha repúdio ao progresso que destrói a vida pacata e acelera as pessoas. Dizia que o mundo bom mesmo era aquele de antes da Primeira Grande Guerra: azulzinho, azulzinho... Tempo em que havia saraus regados a licor de jenipapo, quando, à noite, os jasmins trabalhavam em silêncio, e a lua era dos namorados, não dos astronautas... Nada que inspirasse pressa ou mudanças bruscas enchia-lhe os olhos. Entre a onça e o computador, preferia a primeira — embora nunca tivesse enfrentado uma pintada cara a cara.

O que mata o mundo é o progresso. O homem está num navio de que ele está retirando as comportas, abrindo o casco com britadeiras. Estão querendo ver o navio afundar. O mundo é isso aí: estão acabando com as matas, acabando com os bichos. Em Copacabana fizeram um concurso de reconhecimento de uma lagartixa. Muita gente nunca tinha visto uma. Porque lagartixa é um negócio de roça, é um animalzinho de bom-senso que não fica ouvindo besteira nesses apartamentos de Copacabana, ele fica lá na roça.

(entrevista à revista *Manchete*)

JCC costumava dizer que era um dos quatro membros da sociedade contra o progresso, ao lado de Carlos Drummond de Andrade, Herberto Sales e Rachel de Queiroz. Gostava das conversas miúdas e de observar o movimento. Adorava ver o tempo passar. As horas mais preciosas eram aquelas em que conversava com amigos e olhava a paisagem, sempre à espreita de um estalar de ideia que logo virava história pronta. Desconfiava de quem andava sempre apressado e não tinha tempo para nada. Só mesmo alguém assim, tão fora do contexto de um mundo tão acelerado, poderia ter como *hobby* o costume de colecionar bulas de remédio e certas plantas raras.

Sua relação com o tempo era bastante peculiar. "Ser jovem não é privilégio de ninguém. Até o conselheiro Acácio já teve 20 anos. Há jovens de 80 anos e velhos de 20. Há meninos que já nasceram aposentados, pensionistas da vida. E há avós que continuam sonhando, maquinando planos" (entrevista à revista *Veja*). Fala-se aqui, portanto, não só do tempo do mundo, que corre célere, como do tempo de vida que igualmente não se pode deter. JCC dizia que jamais escreveria um conto ou crônica com o título de "Por que me ufano de meus 70 anos". Falava disso com humor, mas há que se perceber o tom agridoce na assertiva.

Talvez o autor temesse o confronto com o final da sua própria história, assim como qualquer um de nós. E a qualidade de "imortal" poderia pesar ainda mais nesse temor, já que, como ele mesmo dissera, era triste conviver tão de perto com pessoas amigas (os colegas de Academia) e pelas manhãs receber algum telefonema avisando da morte de uma delas...

O tempo que corre, apressada ou lentamente, na vida, em direção ao progresso de tudo, é também o tempo de morte. JCC não se esqueceu disso em sua obra. A morte é outra obsessão no painel temático do autor. Em *O coronel e o lobisomem*, a morte ata as pontas do romance — além da morte do avô, Simeão, há a morte que antecede a história narrada, pois o intrépido coronel está também morto, mas disso só sabemos ao final... O mesmo acontece com Eduardo, de *Olha para o céu, Frederico!*, lembrando ainda que ele perde o tio Frederico.

Não só. Em inúmeras das histórias curtas de José Cândido, a morte é tema frequente e se revela na condição mesma dos personagens: viúvas de longo curso (vários maridos bem morridos, que deixaram boas aposentadorias); homens que são candidatos a viúvos (porque planejam matar suas esposas); mulheres que elaboram mil armações (como feijoadas endiabradas que "atropelam" as vítimas) para se livrar de seus maridos (e conseguem!), e ainda os genros que esperam ansiosamente ver seus "imorríveis" sogros no além.

São histórias encenadas em cemitérios ou funerárias, e ainda outras nas quais os personagens experimentam enfartes, bebedeiras e doenças misteriosas, como a de "amor encravado", por exemplo, que matam de morte súbita. São pessoas que simplesmente adoecem, tossem "uma tossinha de cemitério" e morrem, deixando para trás algum episódio marcante em suas pequenas e medíocres vidinhas que fica relatado — e transfigurado — pelo humor e o sarcasmo de JCC.

"A morte não tira férias", "Se a vida acabou, compre outra" ou ainda "Vagas estrelas da Ursa Maior" são alguns dos títulos de contos reunidos em *Um ninho de mafagafes cheio de mafagafinhos*, livro importante que mais à frente será analisado em detalhes. *Lulu Bergantim* igualmente reúne uma série de histórias de morte, embora esse livro tenha um teor um tanto mais leve do que *Um ninho de mafagafes*. "Morra agora e pergunte depois", por exemplo, conta a história do papa-defunto Diogo Serapião. De todo modo, se a morte não está implícita no título de um conto, está à espreita no desenvolvimento da história. E o curioso é que, com a roupagem de anedota, o tempo de uma vida que se encerra nunca é chorado ou dramatizado; JCC elabora a morte de seus personagens, pelo menos em suas histórias curtas, com a mesma galhardia com que fala da vida.

O trecho a seguir, do miniconto "A morte não tira férias", dá uma ideia de como o autor brinca com o tempo que passa para todos:

> Ao varar meio século de defuntos e caixões, a Funerária Boa Esperança de São José do Barro ofereceu, no Hotel Primor, almoço de confraternização geral. Na entrada do robalo, Alcebiláquio Castanho, feliz proprietário do estabelecimento, pediu a palavra, firmou as mãos na mesa e soltou o seu improviso. Assim:
> — Deus mata e a Funerária Boa Esperança enterra auxiliada pelos bons serviços do dr. Manequinho Condeixa, que passa atestado de óbito em qualquer bronquite ou resfriado. Sem o dr. Manequinho, que zela por nós desde o tempo do cinema mudo, a Funerária Boa Esperança nunca que tinha chegado ao que chegou. O doutor sozinho é muito doutor de dar trabalho para um cemitério inteiro (p. 140).

José Cândido não morreu de morte repentina, como muitos de seus personagens. Ao contrário, sua morte foi obra da longa gestação de uma cardiopatia, vulgarmente chamada de "coração grande", que vai aos poucos comprimindo os pulmões e diminuindo a capacidade respiratória. JCC viu passar lentamente o tempo de sua morte, no agravamento gradual da doença. Seu tempo de vida se findou aos 74 anos, apenas quatro dias antes de completar 75.

U u

Ururau

> [...] Era um jacaré recoberto de pedregulho, vindo dos dias mais recuados, de não existir papel capaz de caber sua conta em anos.
>
> (*O coronel e o lobisomem*, p. 125)

> Ururau é uma figura quase mitológica que aparece na obra *O coronel e o lobisomem*, de José Cândido de Carvalho. É também um jacaré descomunalmente grande, encontrado nas curvas do rio Paraíba.
>
> (*Wikipédia*)

No capítulo 5 de *O coronel e o lobisomem*, um ururau ("cauda de jacaré, escama de cobra, força de cavalo e olho de sugador de gente") parece rondar as vizinhanças do areal do major Serapião Lorena. O "amarelão" havia montado ninho por ali, onde "nenhum vivente tinha franquia de passar". O aparecido ainda largava fogo pelas ventas. Um caso, naturalmente, para o valente coronel Ponciano solucionar, já que, segundo o próprio Lorena, era o único sujeito capacitado para dar provimento ao episódio do ururau.

A sequência em que todos na casa de Lorena se escondem na despensa quando sobrevieram um "vento encanado" e a morte do lampião, que deixou tudo escuro, é uma das mais divertidas do romance. Ponciano estava disposto a avivar o charuto na brasa do tal amarelão. Contudo, no final das contas, descobre-se: "O povinho de Lorena tinha arrepiado pé na frente de um trovão recaído de mau jeito no derredor da casa. Era no que dava lidar com gente espantada" (p. 132).

Dias mais tarde, em caçada a uma capivara, o coronel chegou a uma região dos charcos e brejais, próximos ao mar. Ficou encantado com a visão dos lírios-d'água, imagem que o remeteu a uma antiga paixão, a moça das tranças, Branca dos Anjos. A princípio, viu alguma coisa nos ermos que lhe parecia um ururau, mas era uma sereia:

> [...] Foi quando uma peça escamosa deu de roçar a vassoura da minha barba que boiava na frente do queixo, sem leme e sem governo [...]:
> — Ponciano está encantado (p. 138).

As figuras — o ururau e a sereia — carregam semelhanças. Ambas têm poder e moram nas águas, são quase como entidades que misturam as forças da maldição e do encanto; ambas "enlaçam" a vítima, de fato ou metaforicamente. Nos dois casos, está-se diante de um território mítico onde a figura real do coronel vai adentrar. Ao fazê-lo, as instâncias se confundem, e a história brilha em seu aspecto mais especial, que é o realismo tocado pelo maravilhoso ou o absurdo, como se queira. Curioso como tudo é aceito e vivenciado como algo normal, como se todos os personagens estivessem no mesmo plano, já que as entidades circulam, aparecem e desaparecem livremente no espaço da realidade.

A figura do ururau, segundo o *Dicionário do folclore brasileiro*, está ligada ao comportamento e à moral coletiva, pois devora justamente os notívagos e libidinosos. Na narrativa de *O coronel e o lobisomem*, não é exatamente esse o clima, mas sim o de ameaça tanto aos moradores quanto aos animais, que começam a desaparecer do interior das fazendas. Na verdade, o coronel, conhecido desencantador de lobisomens, é solicitado como suposto candidato a resolver a questão e enfrentar o imenso jacaré. Ponciano é também lembrado pela fama que conseguiu ao dar fim a uma onça-pintada que rondava a vizinhança — apenas fama, pois não foi ele o autor da façanha.

O ururau é, na verdade, uma lenda. Em Campos, circula no imaginário popular a fantástica história do Ururau da Lapa, gigantesco jacaré que vivia às margens do rio Paraíba do Sul, exatamente na curva onde se situava o convento da Lapa. Conta a lenda que, lá pelo ano de 1896, um pescador chamado José dos Reis vinha navegando pelo rio numa viagem de Cambuci a São João da Barra transportando mercadorias quando, cansado de navegar, resolveu pescar. Após longa espera, o anzol deu um violento puxão.

Pensando ser um enorme peixe, sacou da peixeira para aparar a linha, mas, ao puxá-la, feriu os olhos do bicho, que, saltando muito alto, arrancou-lhe um braço. Dias depois, ao acordar perto do convento da Lapa, viu que seu braço continuava no lugar, e, mesmo não entendendo nada, resolveu esquecer o assunto.

No outro mês, saiu do convento, deixando em agradecimento um carregamento de açúcar, e seguiu viagem para São João da Barra. Lá chegando, contou a história a um primo, que calmamente disse: "Por isso que o povo diz que o ururau é a madre superiora do convento, que vira jacaré nos dias de lua cheia" (http://www.overmundo.com.br).

V v

Viajante (Marco Polo imaginário)

O sujeito que anda a pé tem um ponto de vista.

(entrevista à revista *Veja*)

Eu já dei carro a muitas pessoas, mas nunca tive um. Eu venho de barca, venho de ônibus, mesmo tendo carro oficial. Na barca, eu escuto um sujeito contar uma anedota, dizer uma palavra melhor. O carro separa você do mundo.

(entrevista à revista *Manchete*)

José Cândido de Carvalho era um tipo muito especial de viajante. Jamais deixou o Brasil, e suas aventuras geográficas não iam além de Niterói ou de Campos. Dispensava o carro oficial. Dizia que não havia nada mais melancólico no mundo do que briga de motorista. Avião, então, nem pensar. Um de seus trajetos frequentes era ir do Campo de Santana à Praça XV para pegar seu transporte predileto: a barca. Adorava também bicicleta, e não saber andar era uma de suas maiores frustrações (além de não ter escrito *Os lusíadas* e de não ter pintado a capela Sistina). Para o gosto dele, a condução ideal seria o balão.

Assim como Machado de Assis, que igualmente jamais deixou o Brasil, fez do Rio de Janeiro o epicentro de sua vida e literatura, deixando que os aspectos sociais e geográficos da cidade penetrassem nos poros de tudo o que escreveu, JCC viveu uma história mais ou menos semelhante, só que com os olhos voltados para Campos. A viagem de que José Cândido de Carvalho mais gostava, além de cruzar de um lado ao outro a baía, eram os voos da imaginação, especialmente quando pegava carona nas conversas miúdas das pessoas da roça. Viajar mesmo, no sentido de romper longas distâncias, estava entre as coisas que o autor mais evitava.

Irônica e inversa, então, a escolha por uma palavra como "viajante" no ABC de um autor que achava incômodo sair do lugar onde estava. Mas essa peculiaridade é importante e interessante até mesmo para que se possa entender por quais caminhos "voou" o imaginário de um autor tão agarrado à sua terra e às suas gentes. Apesar de ser filho de transmontanos e navegantes dos mares distantes e de ter viajado, ainda na barriga da mãe, da Europa para o Brasil, JCC nunca quis, adulto, refazer o caminho dos pais migrantes e conhecer o outro lado do oceano. Bastava-lhe o conhecimento do "outro", ou seja, das pessoas e de suas realidades diversas que lhe traziam o substrato para as suas criações, fossem estas ficção ou crônicas para as colunas que assinava na imprensa, além das entrevistas que adorava fazer.

> Numa época em que todo mundo é um Marco Polo em 10 prestações, eu continuo cliente das barcas da Cantareira. Ora, um sujeito que mora em Niterói e viaja nos mares esfolados e poluídos da Guanabara não tem muito a dizer e a conversar. [...] Que Fernão de Magalhães, que Cristóvão Colombo que nada! Navegador sou eu. Vai um caminhão de tempo que atravesso as ondas do mar tormentoso da Guanabara, entre Niterói e Rio. Certa tarde, de doce mar, vi uma sereia. E em determinadas noites, principalmente de luar, deixo de lado meu pobre ofício de contador de histórias para ser um bravo comandante de nau, o imbatível d. José Maldonado Benevides de Sá Ataíde e Melo em demanda das Índias do cravo e canela. Solto as velas. Viro herói.
>
> (entrevista à revista Manchete)

Em verdade, não gostava de sair do lugar. Dizia que, quando vinha para o Rio, quase pegava passaporte. Foi diretor da revista *O Cruzeiro Internacional*. Poderia ter conhecido o mundo. Mesmo assim, jamais deixou o Rio.

Quando *O coronel e o lobisomem* começou a fazer sucesso, o então embaixador na França, Delfim Netto, convidou José Cândido para lançar o livro em Paris, em edição da Gallimard. O lançamento seria na Embaixada do Brasil. A contragosto, ele arrumou as malas. Acontece que dona Maria Cândido de Carvalho adoeceu na antevéspera, vindo depois a falecer. Foi a desculpa que usou para não ir.

W w

Werwolf

A maneira peculiar de falar do coronel Ponciano explica, em parte, a ausência de uma tradução da obra para o inglês, embora, por incrível que pareça, além da versão francesa, haja também a alemã, da qual o autor jamais conseguiu decifrar uma linha sequer, já que desconhecia o idioma e acreditava ser quase impossível a transposição da linguagem de Ponciano para uma língua tão diferente — só uma espécie de recriação definiria um trabalho como esse. De qualquer forma, a aventura da tradução foi feita: o lobisomem virou *Werwolf*, e o título completo: *Der Oberst und der Werwolf*, de 1979, pela editora Suhrkamp. Quem assina a tradução é Roman Suhrkamp.

"O trabalho do estilista, quando traduzido, perde o sabor e se descaracteriza", dizia (*Banorte Jornal*, nº 6). Segundo José Cândido, Guimarães Rosa também era, assim como ele próprio, outro grande desafio quase intransponível para um tradutor, pois é difícil encontrar equivalentes para o especifismo da sua linguagem em outros idiomas. Em contrapartida, era mais fácil traduzir Jorge Amado, que tem uma linguagem universal.

Quanto ao inglês, a dificuldade da empreitada desanimou os mais intrépidos aventureiros. Em 1974, a seguinte nota chegou a ser publicada em alguns jornais, como *O Estado de S. Paulo*:

> Procura-se um tradutor de inglês, abusado de língua, lavado de vaidades e mimoso no trato para a incumbência de mostrar aos estrangeiros a figura de Ponciano de Azeredo Furtado, coronel de patente que se honra e faz alarde da condição.

O anúncio foi transcrito de uma agência de notícias e sugerido pelo próprio José Cândido de Carvalho aos editores internacionais. Na época, apesar das 15 edições brasileiras de *O coronel e o lobisomem* e da versão francesa publicada pela Gallimard, o tão esperado tradutor para o inglês não aparecia. Três experientes profissionais desistiram da tarefa antes de tentarem. O livro foi depois traduzido para o espanhol e publicado também em Portugal.

X x

Xenxém Brito

— Xenxém, tem sujeito indignado na praça. Vem correndo.

("Soldado velho não dá guarda", em
Um ninho de mafagafes cheio de mafagafinhos, p. 163)

Só mesmo José Cândido para nomear um de seus delegados, em *Um ninho de mafagafes*, de Xenxém. O personagem e seu nomezinho infame servem aqui como ponto de partida para se falar sobre a natureza desse livro ainda pouco analisado até então. O conto em que o tal Xenxém Brito aparece intitula-se "Soldado velho não dá guarda". O nome do personagem, novamente aqui, revela as fragilidades da pessoa em si. Observa-se que, como no restante da obra do autor, existe uma relação direta entre o nome e a personalidade — ou o destino — dos personagens.

Em que pese o fato de se tratar de um delegado, Xenxém é tolo e pede transferência para a roça mais roça que existe depois de cometer um equívoco fatal: dar voz de prisão ao novo juiz de direito da comarca de Cachoeiras da Várzea, só porque o dito-cujo fora visto entrando na cidade exibindo seu modernoso "cabelão encaracolado, caindo pelas rebarbas dos ombros" e um "paletó curtinho". Como tudo o que acontece em cidades minúsculas logo se espalha aos quatro ventos, a notícia do forasteiro moderninho ganhou rapidamente os ouvidos de Xenxém, o delegado.

Então, ele, mais do que depressa, montou em sua bicicleta e foi atrás do moço, cujo crime teria sido apenas o de andar em dia com a moda, para intimidá-lo e dar-lhe voz de prisão. Depois de se desculpar, ao ver a credencial do governo nas mãos do "cabeludão", Xenxém não vê outra saída a não ser a mudança. Não queria ir para nenhum lugar em que houvesse modernidades, já que se transfere para uma roça ainda mais roça, como diz o texto.

Eis as palavras finais de Xenxém:

> — Está tudo perdido! Até o povo da Justiça está contaminado de paletó lascado e costeleta modernista. Vou embora para Macacos do Livramento (p. 163).

Um ninho de mafagafes cheio de mafagafinhos (Contados, astuciados, sucedidos e acontecidos do povinho do Brasil), publicado originalmente em 1972 e reeditado em 1984, é, em muitos aspectos, bastante semelhante a *Porque Lulu Bergantim não atravessou o Rubicon*. Fala de personagens com nomes estrambóticos em situações bizarras, tramadas nos rincões mais interioranos do país, em cidades cujos nomes são tão *sui generis* quanto o de seus habitantes.

Esse pequeno volume de contos, que reúne uma das histórias selecionadas na antologia *100 melhores contos de humor da literatura universal*, organizada por Flávio Moreira da Costa, intitulada "Pegou o telefone e ligou para a aurora do mundo", é uma espécie de obra-síntese ou obra-posfácio de tudo o quanto José Cândido escreveu. Explica-se: estão reunidos ali figuras e temas que foram as grandes obsessões do autor, como servidores públicos de toda espécie, xerifes, delegados, tabeliões, escriturários, além de viúvas, mágicos, anões, sereias e capitães... Há situações de amores platônicos pelas professoras, a nostalgia pelos dias antigos que se foram na "asa do outono", os episódios de morte súbita e até a ventania dos lobisomens ganha no livro citação. Soma-se a tudo isso o mesmo exercício de linguagem, sutil, como o trabalho minucioso de um pilulador, que se vê no restante da prosa de José Cândido.

A última história é uma espécie de despedida, ainda que não se possa falar aqui em despedida biográfica, mesmo porque o autor só iria despedir-se do mundo em 1989. Digo "despedida" no sentido mesmo da síntese de temas recorrentes de toda uma obra produzida até aquele momento. Sabe-se que, depois de *Um ninho de mafagafes*, que fora publicado no mesmo ano do volume de entrevistas *Ninguém mata o arco-íris*, José Cândido não publicou nada de novo, posto que *Manequinho e o anjo da procissão*, de 1974, foi uma seleção de contos anteriormente publicados, destinada ao Mobral. A novidade estaria no terceiro romance, mas este permaneceu inacabado.

Voltando ao *Um ninho de mafagafes*, o último conto da obra intitula-se "Adeus, meu capitão, que as sereias guiem teus mares". Já no início, lê-se: "Como, em tempo dos antigos, *pratrasmente* [o grifo é meu] de muitos anos, tivesse navegado em água mansa e no leme sem perigo de canoa de rio, pegou feito de capitão de longo curso" (p. 220). Com o nome de Gaspar Dias de Ataíde e Sousa, o capitão da história tem ares de coronel Ponciano — é inventoso (nem as sereias do mar profundo inventam tanto...) e um viajante (imaginário, posto que é "inventoso"?) que gostava de futucar seus acontecidos das viagens distantes que fazia. A história termina com o adeus do personagem, em sua "última viagem", em um barco chupado pela fome do mar profundo, sem que a palavra "morte" seja escrita sequer uma vez.

Há, em toda a obra, uma série de referências dignas de nota e que se relacionam com a biografia do autor até aqui analisada. Veja-se que Xenxém não gosta de modernismos, prefere se refugiar em um destino geográfico ainda menor e mais interiorano do que a sua Cachoeiras da Várzea. Não há como deixar de lembrar que o próprio José Cândido era avesso ao progresso, ao excesso de novidades que transformam rapidamente os cenários e o estilo de vida das pessoas. Quem sabe se, em forma de paródia, por intermédio de seu desastrado Xenxém, o autor não estivesse falando de si mesmo?

É claro que estou aqui no terreno do imponderável. Nunca se sabe ao certo o que passou pela cabeça de um autor ao criar essa ou aquela ficção, esse ou aquele personagem. Contudo, a ficção como tecido (já que texto e tecido têm a mesma origem etimológica) é sempre um punhado de fios que o leitor vai puxando, puxando, até fazer o seu próprio bordado. A montagem de uma biografia, recolhendo pedaços de tecido aqui e ali, também pode ser uma "leitura bordada", já que a escolha por determinados elementos em detrimento de outros é sempre uma puxada de agulha, fisgando essa e não aquela linha do texto da vida ou da obra.

Y y

Ipsilone

> "Nas minhas águas, sou outra prosopopeia. Sou Peixotão das Mulatas, doutor Calixto de Sousa e Athayde com ipsilone! Com ipsilone, compadre Gervão!"
>
> ("Um quilo de espírito público, por favor!", em *Porque Lulu Bergantim não atravessou o Rubicon*, p. 38)

No histórico do "Y" — ípsilon — há uma série de variantes populares e regionais, como ipsilone, ipissilone ou pissilone, como se vê em algumas obras da literatura de cordel. Há ainda outras formas registradas, como "ipsilone", "ipsilão", "ipsilo" e até "hipsilo", embora "ípsilon" seja o correto (*Dicionário Houaiss*).

José Cândido de Carvalho gostava mesmo de escrever era "ipsilone", bem aportuguesado, como está na canção popular "Sebastiana", de Rosil Cavalcanti: "Convidei a comadre Sebastiana/Pra dançar e xaxar na Paraíba./Ela veio com uma dança diferente/E pulava que só uma guariba./E gritava: a, e, i, o, u, ipsilone..."

Como revela o trecho da citação que dá início a este capítulo, na história de doutor Calixto de Sousa e Athayde, o "ipsilone" não é apenas uma letra, mas pode ser um diferencial — para o bem ou para o mal. Nesse caso, a letrinha importada marca uma patente superior àquela das pessoas que não têm o "Y" no nome. O tal doutor faz questão de ressaltar a grafia correta de seu nome, o que, certamente, lhe dá um ar de pessoa mais respeitável.

O contrário, no entanto, também ocorre. Especialmente quando se trata dos nomes dos servidores públicos, alguns lamentáveis, que parecem ter sido batizados para sofrer o resto da vida com o fardo de suas graças. Um exemplo? O pobre Amphilacyo Guedes, do conto "Paulada de maus bofes contra golpe do baú" (*Um ninho de mafagafes*). O sujeito tem, segundo a impiedosa descrição, uma cara de "lata de sardinha" e é mais feio do que uma "panela de pressão amassada". JCC faz a ressalva do "Y" com o humor de sempre: "Ninguém usa mais cabelo tipo escovinha, a não ser soldado raso. Vai no espelho, Amphilacyo. Tua cara é um baú velho, e teu nome, um pontapé no baço. Ainda mais com ipsilone" (p. 127).

Há um conto, intitulado "Loção Sonho de Valsa com Ipsilone", no qual a palavra é utilizada no plural e com um sentido de refinamento de vocabulário: Chicó Rios, depois de apurar o cabelo no espelho, foi pedir ao primo Fifi Meneses uma remessa de conselhos para tirar a limpo a paixão de Abelardina Cruz por ele:

> — Parente, vou desencravar hoje o caso da menina Abelardina. Primo, diz uns ipisilones para mim. Diz (p. 176).

Z z

Zé Preto

> A religião criava medos e as pessoas acreditavam em lobisomem, mula sem cabeça, boitatá.
>
> (*José Cândido, vida e obra*, p. 35)

Da infância pobre de José Cândido, mais precisamente nas brincadeiras de rua, em Campos, surge um personagem que não pode jamais ficar de fora deste ABC: trata-se de outro Zé, o grande amigo — o Zé Preto, ou José Firmino, que iria acompanhá-lo durante toda a vida, seguindo os passos de JCC na carreira pública, indo sempre visitá-lo onde quer que ele estivesse.

Sujeito cheio de imaginação, delirante, irreverente, Zé Preto era um negro esguio, magro e alto. Era cozinheiro da Marinha Mercante, cargo que, depois, acabou deixando, pois exigia um cumprimento de horários e obrigações formais a que ele não se adaptava muito. Curioso era que o grande amigo de José Cândido parecia ter dupla personalidade — quando estava à paisana, contava suas histórias de mil e uma noites, mas, quando entrava na cozinha e colocava o uniforme de chefe, não brincava com ninguém, ficava como que tomado pela profissão.

Mesmo depois de adulto, Zé Preto nunca aposentou sua imensa capacidade de inventar e contar histórias. José Cândido certamente bebeu na fonte desse contador de casos que não colocava rédeas na própria capacidade de fantasiar suas narrativas. Quem ouvia Zé Preto falar podia jurar que tudo o que dizia, de fato, havia ocorrido, por mais bizarro ou fantasmagórico fosse o relato.

Contar a vida e a obra de JCC e se esquecer desse personagem ilustre é omitir uma das figuras mais significativas da biografia do autor de *O coronel e o lobisomem*. E, por falar em lobisomem, é neste ponto onde a imaginação encontra o sobrenatural que ambos os "Zés" se afinam com perfeição. Como era comum no interior e nas fazendas, as histórias de assombração, como se viu aqui, faziam parte do repertório de aventuras vividas, presenciadas ou imaginadas por muitos — fossem estes tementes a Deus ou curiosos de plantão. Não poderia ser diferente com esses dois amigos que corriam soltos pelas fazendas da região de Campos.

Zé Preto era imbatível na arte de contação de casos assombrados. Uma vez, contou que estava trabalhando em um lugar e escutou, tarde da noite, um barulho de panelas caindo na cozinha. Ele então pegou imediatamente o crucifixo e o segurou na mão esquerda. Na mão direita, ergueu uma tocha de papel e, devidamente paramentado para enfrentar o suposto inimigo, entrou na cozinha. Viu um "demônio" encostado na parede, paralisado, diante do crucifixo que empunhava.

O enfrentamento não ocorreu sem que uma bela lição de moral fosse dada. Zé Preto aproveitou para dizer ao dito-cujo que ele não deveria aparecer, assim, no meio da noite, para atormentar as pessoas de bem. Como tinha coragem de atrapalhar o sono de gente trabalhadora? Murcho depois da bronca, o bicho sumiu pelo telhado. Não parece uma história retirada de um dos volumes de contos de JCC ou mesmo de algum episódio de seus romances?

Zé Preto dizia ainda que, certa vez, em uma viagem de trem de Goytacazes para Campos, conheceu um sujeito que encontrou pelo caminho toda a sorte de assombração: mula sem cabeça, fantasma, ururau... Como se deparava sempre com figuras estranhas, costumava ser um tanto desconfiado em relação a viagens de trem e, igualmente, a seus bizarros passageiros — uns podiam não ser de carne e osso. Dizia assim: ao entrar em um trem ou bonde, devemos olhar para os pés de todos os presentes. Quem não tiver pé é fantasma.

Histórias como essas entremeavam a longa amizade do velho Zé Preto e de José Cândido, guiando, em grande parte, os caminhos da ficção do autor. Imaginem como teria sido a transcrição de alguns dos diálogos travados entre os dois? Quanta história boa não poderia surgir dali? Casos de gente simples, afobada, viajante ou agarrada à terra, povinho de um Brasil ainda cheio de crendices, mitos, lendas e, claro, de olhos bem atentos às noites de lua cheia.

Cronologia

1914
— José Cândido de Carvalho nasceu em Campos dos Goytacazes em 5 de agosto. Filho único de lavradores do Norte de Portugal (Trás-os-Montes), Bonifácio de Carvalho e Maria Cândido de Carvalho. A mãe estava grávida quando o casal iniciou a travessia rumo ao Brasil.

1922
— Aos oito anos de idade, José Cândido de Carvalho trabalhou como estafeta na Exposição Internacional de 1922, no Rio, em uma viagem temporária, acompanhando o pai, que fazia na cidade um tratamento de saúde. Voltou logo para Campos, onde continuou os estudos em escolas públicas. Durante as férias, fazia pequenos biscates.

1930
— Trabalhou como revisor do semanário *O Liberal*, em Campos. E também como redator do jornal *Folha do Comércio*, na mesma cidade.

1936
— Casou-se, em Campos, em 21 de novembro, com Edeacila Guimarães Carvalho.

1937
— Bacharelou-se em Direito na Escola de Direito Clovis Bevilacqua, em Campos. Nesse mesmo ano, mudou-se para o Rio, onde morou em Santa Teresa. Iniciou trabalho como redator do jornal *A Noite*, que, na época, tinha quatro edições diárias.

1939
— Publicou seu primeiro romance, *Olha para o céu, Frederico!*, pela Vecchi, na Coleção Novos Autores Brasileiros.

1942
— A convite de Amaral Peixoto, então interventor do estado do Rio, começou a trabalhar em Niterói, onde dirigiu o diário fluminense *O Estado*.

1957
— Com o fechamento de *A Noite* pelo governo, JCC passou a ser redator da revista *O Cruzeiro*. Depois foi ser o diretor, em substituição a Odylo Costa, filho, da edição internacional. Trabalhou ainda nesse período como cronista do *Jornal do Brasil* e da revista *A Cigarra*.

1963
— Separou-se de Edeacila. Uniu-se a Amelia Pamplona Bezerra de Menezes.

1964
— Vinte e cinco anos depois de ter publicado o primeiro romance, publicou, pela empresa editora O Cruzeiro, o romance *O coronel e o lobisomem*, que teve imediatamente grande sucesso. Obteve os prêmios Jabuti, da Câmara Brasileira do Livro; o Coelho Neto, da Academia Brasileira de Letras, e o Luísa Cláudio de Sousa, do PEN Club do Brasil.

1970
— Nesse ano, JCC foi nomeado diretor da Rádio Roquette-Pinto.

1971
— Publicou seu primeiro livro de contos, *Porque Lulu Bergantim não atravessou o Rubicon*.

1972
— Publicou seu segundo livro de contos, *Um ninho de mafagafes cheio de mafagafinhos*. Publicou ainda a coletânea de entrevistas *Ninguém mata o arco-íris*.

1974
— Deixou o cargo na Rádio Roquette-Pinto e publicou o livro *Manequinho e o anjo de procissão*. Com notas de Arlindo Corrêa e desenhos de Appe, o livro é uma seleção de contos já publicados e se destinou

ao Mobral. Nesse mesmo ano, assumiu a direção do Serviço de Radiodifusão Educativa do MEC. Foi eleito imortal pela Academia Brasileira de Letras, na cadeira 31, antes ocupada por Cassiano Ricardo.

1975
— Foi eleito presidente do Conselho Estadual de Cultura do Estado do Rio de Janeiro.

1976
— Deixou o Serviço de Radiodifusão Educativa do MEC e assumiu a direção da Fundação Nacional de Arte (Funarte), cargo que ocupou até 1981.

1979
— Publicou *Se eu morrer telefone para o céu*, reunindo alguns anos menores contos da literatura brasileira.

1982 a 1983
— Foi presidente do Instituto Municipal de Cultura do Rio de Janeiro (RioArte).

1984
— Publicou *Os mágicos municipais*, reunindo crônicas e contos de livros anteriores (*Porque Lulu Bergantim não atravessou o Rubicon* e *Um ninho de mafagafes cheio de mafagafinhos*).

1989
— Internado no Procordis de Niterói, morreu no dia 1º de agosto, quatro dias antes de completar 75 anos. Seu corpo foi velado na ABL e sepultado no Mausoléu da Academia Brasileira de Letras, no cemitério São João Batista.

Referências bibliográficas

Obras e artigos

Amado, Gilberto. "O mundo de JCC". (Artigo originalmente publicado no rodapé do jornal *Última Hora*, edição de 8 de julho de 1969.) Em: *Porque Lulu Bergantim não atravessou o Rubicon*. Rio de Janeiro: José Olympio, 1974.

Baccega, Maria Aparecida. (Seleção de textos, notas, estudo biográfico, histórico e crítico.) *Leitura Comparada: José Cândido de Carvalho*. São Paulo: Abril Cultural, 1983.

Betencur, Paulo. "Humor e magia." Em: *O Rascunho*. Fevereiro, 2009.

Bruno, Haroldo. Suplemento literário de *O Estado de S. Paulo*. São Paulo, 15 de setembro de 1974.

Cândido de Carvalho, José. *O coronel e o lobisomem*. Rio de Janeiro: José Olympio, 2007.

——. *Porque Lulu Bergantim não atravessou o Rubicon*. Rio de Janeiro: José Olympio, 2008.

——. *Olha para o céu, Frederico!*. Rio de Janeiro: José Olympio, 2009.

——. *Ninguém mata o arco-íris*. Rio de Janeiro: José Olympio, 1972.

——. *Um ninho de mafagafes cheio de mafagafinhos*. Rio de Janeiro: José Olympio, 2011.

——. *Os mágicos municipais*. (Notas de Creso Coimbra, Gilberto Amado e Horácio Pacheco.) Rio de Janeiro: José Olympio, 1984.

——. "Vampiro de peruca." Em: *Revista Nacional do Jornal do Commercio*. Rio de Janeiro, 21 a 27 de maio de 1989.

——. "Como nascem os personagens de romance." Em: *Revista do Livro*, n. 43, 1970.

——, Sales, Herberto. *Discursos na Academia*. Rio de Janeiro: José Olympio, 1976.

Coelho, Nelly Novaes. *Estudo crítico, para uso dos professores, do romance de José Cândido de Carvalho O coronel e o lobisomem*. Rio de Janeiro: José Olympio, 1971.

Ferreira, Avelino. *José Cândido de Carvalho, vida e obra*. Campos dos Goytacazes: Fundação Cultural Jornalista Oswaldo Lima, 2004.

Gomes, Danilo. "Uma pitada de humor no refogado amargo da vida." Em: *Estado de Minas*. Belo Horizonte, 13 de agosto de 1974.

Martins, Wilson. "Uma obra-prima." Em: Suplemento Literário de *O Estado de S. Paulo*. São Paulo: 11 de junho de 1964.

Moreira da Costa, Flávio (seleção). *100 melhores contos de humor da literatura universal*. Rio de Janeiro: Ediouro, 2001.

"Nem coronel, nem lobisomem: um Cândido José". Em: *O Prelo*; Suplemento Cultural da Imprensa Oficial do Estado do Rio de Janeiro. Rio de Janeiro, 1989, ano I, nº 2, p. 7-18.

Olinto et alii. *Revista Brasileira — Academia Brasileira de Letras*. Rio de Janeiro, abril-maio-junho de 2006.

——. "Uma recolta de possibilidades de romance." Em: *O Globo*. Rio de Janeiro, 9 de dezembro de 1971.

Polese, Edna da Silva. *No mato brabo da ficção: estudo sobre José Cândido de Carvalho*. Dissertação de mestrado em Letras — Universidade Federal do Paraná. (Orientação: Marilene Weinhardt.) Curitiba, 2005.

Queiroz, Rachel de. "E o gênio da língua baixou." Em: *O coronel e o lobisomem*. Rio de Janeiro: José Olympio, 1997.

Rodrigues, Hervé Salgado. *Na taba dos Goytacazes*. Niterói: Imprensa Oficial, 1988.

——. "Visão caricatural das coisas e das criaturas". *A Notícia*. Campos, 1º de outubro de 1974.

Sales, Herberto. "O lobisomem." Em: *Jornal das Letras*, outubro de 1970.

——. "Boa noite, meu coronel." (Discurso de recepção pronunciado na Academia Brasileira de Letras, na sessão realizada a 1º de outubro de 1974.) Em: *O coronel e o lobisomem*. Rio de Janeiro: José Olympio, 1997.

Silva, Carlos. "José Cândido de Carvalho: a melhor academia." Em: *Opinião Pública*, Niterói, 2 de outubro de 1974.

Soares, Emmanuel de Macedo. "Nem coronel, nem lobisomem: um Cândido José." Em: Suplemento de Cultura da Imprensa Oficial do Estado do Rio de Janeiro, agosto de 1989.

Soares, Lucila. *Rua do Ouvidor 110: Uma história da Livraria José Olympio*. Rio de Janeiro: José Olympio, 2006.

Sobrinho, Barbosa Lima. Prefácio. Em: Leal, Victor Nunes. *Coronelismo, enxada e voto — O município e o regime representativo no Brasil*. São Paulo: Alfa-Ômega, 1978, p. 13.

Entrevistas (seleção)

Entrevista a Miriam Alencar. "Um escritor a favor do lobisomem". Em: *Jornal do Brasil*, 6 de abril de 1979.

Entrevista a Bella Jozef. Em: *O Estado de S. Paulo*, 30 de setembro de 1984.

Entrevista ao *Banorte Jornal*. "Um contador de histórias do nosso povo", s/data.

Entrevista a Teresa Barros. "A contestação de terno e gravata." Em: *Jornal do Brasil*, s/data.

Entrevista a Carlos Alfredo Macedo Miranda. Em: *Revista Manchete*, s/data.

Sites

http://www.academia.org.br/
http://www.overmundo.com.br/
http://pt.wikipedia.org.
http://inforum.insite.com.br
http://wp.clicrbs.com.br/sualingua

Este livro foi impresso nas oficinas da
Distribuidora Record de Serviços de Imprensa S.A.
Rua Argentina, 171 – Rio de Janeiro, RJ
para a Editora José Olympio Ltda.
em novembro de 2011

★

80º aniversário desta Casa de livros, fundada em 29.11.1931